涵乾纳坤
合而能融

四川大学
SICHUAN UNIVERSITY
1896

四川大学校史读本

顾问 谢和平
主编 党跃武
副主编 姚乐野 郭勇 曹萍

四川大学出版社

责任编辑:何　静
责任校对:周　颖
装帧设计:阿　林
责任印制:王　炜

图书在版编目(CIP)数据

四川大学校史读本 / 党跃武主编. —成都: 四川大学出版社, 2013.6
ISBN 978-7-5614-6844-9

Ⅰ.①四… Ⅱ.①党… Ⅲ.①四川大学-校史 Ⅳ.①G649.287.11

中国版本图书馆 CIP 数据核字（2013）第 120578 号

书名　**四川大学校史读本**
SICHUAN DAXUE XIAOSHI DUBEN

主　　编	党跃武
出　　版	四川大学出版社
地　　址	成都市一环路南一段 24 号 (610065)
发　　行	四川大学出版社
书　　号	ISBN 978-7-5614-6844-9
印　　刷	郫县犀浦印刷厂
成品尺寸	188 mm×215 mm
印　　张	6.75
插　　页	4
字　　数	128 千字
版　　次	2013 年 7 月第 1 版
印　　次	2015 年 7 月第 3 次印刷
定　　价	15.00 元

◆读者邮购本书,请与本社发行科联系。电话:(028)85408408/(028)85401670/(028)85408023　邮政编码:610065
◆本社图书如有印装质量问题,请寄回出版社调换。
◆网址:http://www.scup.cn

四川大学校歌

张澜等　词
佚名　曲

四川大学校徽

四川大学校训

海纳百川　有容乃大

四川大学校风

严谨　勤奋　求是　创新

四川大学标准色

锦绣红（参数标准值C：12　M：92　Y：95　K：20）

优雅灰（参数标准值C：47　M：37　Y：37　K：0）

四川大学校旗

·目　录·

附 录

引　言

在中国历史文化名城成都市，在人文炳蔚的望江楼畔，在灵秀毓美的华西坝上，在绿草如茵的江安河边，坐落着四川大学这所创办于1896年的中国名校。四川大学具有光荣的革命传统、厚实的办学基础和良好的校风学风。这里是青年学子追寻人生梦想的文化驿站，更是学界精英熔铸科学品质的学术殿堂。

四川大学由原四川大学、原成都科技大学和原华西医科大学三所国家重点大学经过1994年和2000年两次强强合并组建而成，是教育部直属的全国重点大学，也是国家“211工程”和“985工程”重点建设的高等学校。四川大学共有望江、华西和江安三个校区，占地面积共7050亩，校舍建筑面积达243万平方米。

原四川大学起始于1896年的四川中西学堂，代表了以近现代新式学堂为肇端的国立大学。原华西医科大学发源于1910年的华西协合大学，代表了以西方高等教育为样板的西式大学。原成都科技大学创建于1954年的成都工学院，代表了由高校院系调整而组建的新型大学。因此，四川大学不仅是灿烂中华文明尤其是积淀深厚的巴蜀文化与近代西方优秀文化结合的产物，而且囊括了中国高等教育的主要办学类型。在学校发展历史上，曾经有过三次著名的三强合并：第一次是1902年和1903年四川中西学堂、尊经书院和锦江书院合并组建四川通省大学堂；第二次是1931年国立成都大学、国立成都师范大学和公立四川大学合并组建国立四川大学；第三次是1994年和2000年四川大学、成都科技大学和华西医科大学合并组建四川大学。每一次强强合并不仅为四川大学带来了新的发展契机，更创造了一个个新的发展奇迹。四川大学始终坚持“与人民同呼吸，与祖国同命运，与社会同发展，与时代同进步”的文化传统，在中国高等教育发展历史上写下了不朽的篇章。1985年和1986年，邓小平同志曾经分别为四川大学和华西医科大学题写校名。

四川大学的校训“海纳百川，有容乃大”，语出民族英雄林则徐的自勉联：“海纳百川，有容乃大；壁立千仞，无欲则刚。”它不仅贴切地概括了今日四川大学的发展历程、办学特色与价值追求，而且由于暗嵌“川大”二字而被认为是天赐良训。它不仅体现了“涵乾纳坤，合而能融”的博大追求，要在思想文化、拔尖人才、学科流派的汇聚中整合办学资源，凸显作为国家布局在西部的重点高校的综合性优势；而且体现了“登高眺远，再上层楼”的恢宏气概，要在人才培养、科学研究、社会服务和文化传承创新中不断追求卓越，努力建设中国一流的高水平研究型综合大学。

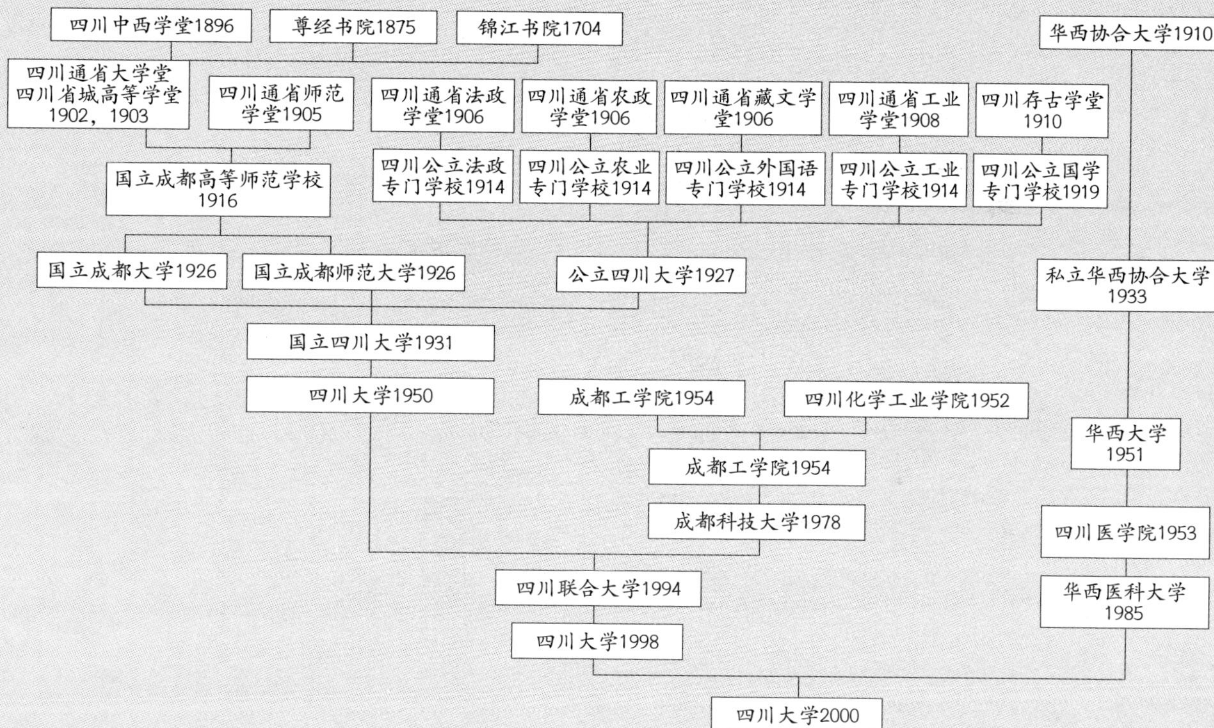

图1　四川大学历史沿革图

四川大學
SICHUAN UNIVERSITY
1896

第一部分　川大历程

岷峨苍苍，锦水泱泱。

巍巍学府，德渥群芳。

一、历史渊源（1704—1895年）

（一）锦江书院

四川大学的历史起源可以上溯至汉代的文翁石室。汉景帝（公元前157—公元前141年在位）末年，蜀郡太守文翁创建了中国第一所地方官办学校，这就是举世闻名的文翁石室，也是四川地区古代高等教育的起源。根据《汉书》记载："至武帝时，乃令天下郡国，皆立学校官，自文翁为之始云。"世人将李冰与文翁并颂为"李冰治水，文翁化蜀"。自汉以来两千多年，文翁石室弦歌不辍，成为中国乃至世界教育事业史上的一个传奇。

图2　西汉蜀郡太守文翁与《石室讲经图》

清代康熙四十三年（1704年），四川按察使刘德芳奉旨在文翁石室原址（今成都市文庙前街）创办了锦江书院，成为四川大学主要历史源头之一。锦江书院在清代雍正十一年（1733年）被御定为全国22所最著名的省级书院之一，时人赞誉为“石室云霞思古梦，锦江风雨读书灯”。作为“通省作育人才之所”，锦江书院在四川各大书院中居首位，规模和建制都非常宏大，名师云集，人才辈出。

锦江书院不仅培养了“戊戌变法六君子”之一的刘光第等杰出人物，也给后世留下了许多精美的艺文。例如，锦江书院有这样一副106字的长联，很好地反映了从文翁石室到锦江书院的发展历程：“由汉晋唐宋元明，以迄于今，蚕丛西辟，棘路南通，想当年文翁居守，石室藏经，千百祀学校宏开，固知岷峨钟毓，世载其英，允矣光联井络；溯邹鲁濂洛关闽，相沿而后，鹿洞云封，鹅湖月冷，幸此地胥鼓悬堂，绛纱列帐，二三子弦歌不辍，惟参性道渊源，教惭无术，敢云远绍心传。”

（二）尊经书院

由于锦江书院是传统书院的代表，其课业以八股文为主，越来越不适应时代发展的需要。清代同治十三年（1874年）五月，工部侍郎、四川兴文人薛焕等人联名上书四川总督吴棠和四川学政张之洞，请新建书院。吴棠希望以此“讲求实学，造就真才”，于是敦请张之洞勤力兴办。1875年书院正式成立，定名为“尊经书院”（院址在今成都市文庙西街），成为四川大学另一主要历史源头。尊经书院计划增设“声、光、电、化、格致之学”，是当时改良书院的代表。

张之洞认为："欲治川省之民，必先治川省之士。"他在《四川省城尊经书院记》中表明，书院旨在培养"通博之士，致用之材"。张之洞为尊经书院制定了18条章程，对办学方针、师生关系、学生奖惩、课程设置、教学方法等提出明确的要求。同时，他编写了《书目答问》《輶轩语》两书，不仅是尊经书院学生和全省教育界人士学习的指南，而且成为清末许多新式书院和学堂的必读之书。

尊经书院最有名的"石室重开"联是书院山长、著名的经学大师王闿运的集句联："考四海而为隽；纬群龙之所经。"上句出自西晋左思《蜀都赋》，隽即才智超群者；下句出自东汉班固《幽通赋》，群龙喻群圣。这副楹联一直保留到四川省城高等学堂时期，华西协合中学的会议室也挂有此联，蕴含了川大学人宏伟的志向和博大的情怀。

光绪二十四年（1898年），著名的维新派人士宋育仁接任书院山长。他在书院组织了以"发扬圣道，讲求实学"为宗旨的维新团体"蜀学会"，发行《蜀学报》。该报以著名学者吴之英为主笔，廖平为总纂，对维新变法思想在四川的传播起到了不可低估的作用。

图3　尊经书院内景

尊经书院培养了一大批影响四川近现代政治、思想、经济、文化和科学发展的优秀人物。其中，有为变法图强而英勇牺牲的“戊戌六君子”之一的杨锐；离经叛道、托古改制的今文经学大师廖平；力主新学的四川维新变法的核心人物宋育仁；为推翻清朝、建立民国而舍身炸死良弼，被孙中山先生追封为大将军的彭家珍；领袖群伦、叱咤风云的民主革命家吴玉章、张澜、罗伦、蒲殿俊、尹昌衡；清代四川唯一的一名状元，曾任京师大学堂首席提调和四川大学（当时的四川官立高等学校）校长的骆成骧等。

二、草创奠基（1896—1910年）

（一）四川中西学堂

1840年的鸦片战争使中国一步步沦为半殖民地半封建社会。晚清洋务派以“中学为体，西学为用”为指导思想，走“师夷之长技以制夷”的道路，掀起了中国现代化的浪潮。在文化教育方面，洋务派则以开办新式学堂，培养经世人才为要务。

虽然地处中国内陆，但是在开办新式学堂方面，四川却不甘人后。清代光绪二十二年（1896年），四川总督鹿传霖创办四川中西学堂，倡导学习“西文西艺”，“分课华文、西文、算学”，成为四川古代和近代高等教育的结合点。他在亲自拟定的《四川中西学堂章程》中提出了“培植人材，讲求实学，博通时务”的办学宗旨。时人高度评价鹿传霖，誉之为“与文正文襄同志”，与创办京师大学堂的管学大臣孙家鼐（文正）和洋务派扛鼎人物张之洞（文襄）并称。

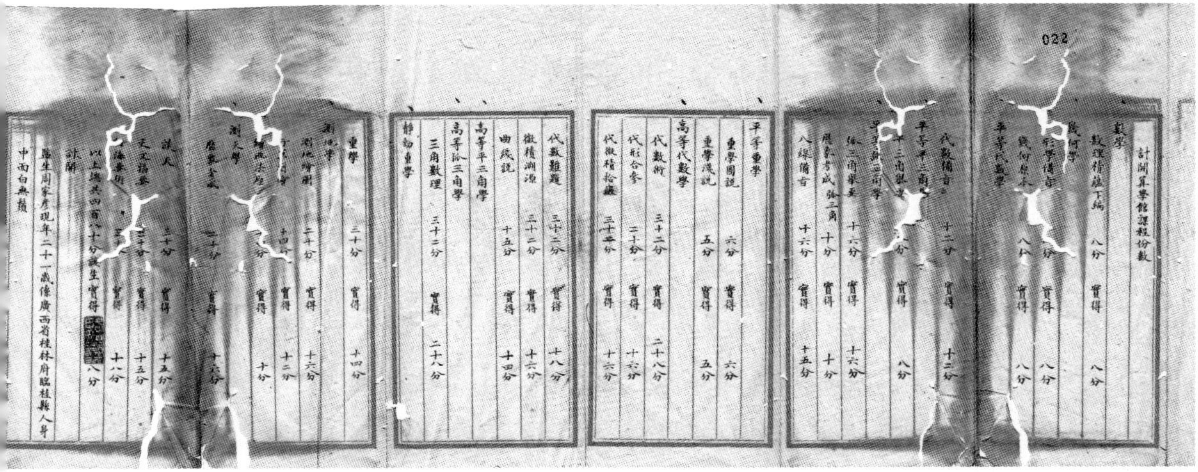

图4　四川中西学堂学生周家彦学习的课程表

1895年7月29日，四川中西学堂开始试办，仅仅招收了30名学生。1896年6月18日，四川中西学堂正式开学，四川大学的发展历史由此开启。四川中西学堂的首任总理委员即校长是四川洋务总局选派的诗人兼书画家何维棣，其祖父是清咸丰初年任四川学政的书法大家何绍基。

四川中西学堂初设英文、法文两科，次年增设算学科并建立算学馆。四川中西学堂按照西方“分科立学”的教学制度，对学生按科类、分程度编班定级。从现存的课程表来看，四川中西学堂摈弃了传统的书院教学方式和教学内容，具有近现代教育的办学性质和特点，成为四川近代高等教育的发端。

据1902年的统计，四川中西学堂藏书楼馆藏中外图书达一万余册。其种类之多，数量之大，品种之齐，堪称当时四川之最。其中藏有大量外文原版自然科学书刊和教本，以及西方资产阶级革命的启蒙读物的原版本和中译本。四川中西学堂成为当时中国西部最重要的外国科技文献和图书收藏中心。

四川中西学堂根据生员入学时的程度，将其划分为“学长”“学生”“附学”三个层次。“学长”程度最高，为“资性颖悟，易于造就”的有举人以上功名的人士。从学生籍贯看，四川籍人士大约占56%，直隶、顺天、江苏、浙江、江西、湖南、山西、陕西、河南、湖北、山东等地的学生大约占44%，其中部分为旗人子弟。这说明四川中西学堂一开始就是面向全国的新式学府。

1900年，四川中西学堂有了自己的第一届毕业学生。学堂实行学年学分制，并且规定：考得一半学分者发给三等执照（毕业文凭），考得三分之二学分者发给二等执照，考得六分之五学分者发给头等执照。二、三等执照由四川洋务总局转报四川总督署备案后发给；头等执照则尚须呈报四川总督亲自核准。获得二、三等执照者，原则上到川内或原籍省、区担任中学堂教习，也可自费出洋留学；获得头等执照者，在经过严格考核后，公费派送出洋留学或授以功名。1898年谭嗣同等发起、熊希龄任提调（校长）的湖南时务学堂在《湖南开办时务学堂大概章程》的“学制和学生管理”条款中，就明确指出：“照四川中西学堂例。”

1901年，四川总督奎俊从四川中西学堂毕业生中选拔18人，从尊经书院选拔4人，由知府李立元带队到日本和西方国家“公学堂肄业”，“岁以三年为期，前者毕业，后者继往”。1906年，四川留学生占全国留学生总数的十分之一，出国人数直逼京津、江浙和两广，掀起了四川近代出国留学的第一次高潮。在毕业的留学生中，许多人都回国、回川服务而报效桑梓。例如，四川中西学堂英文科首届毕业生钱为善，原籍江苏，留学英国伦敦斯芬伯大学，学习机电，归国后被清廷赐进士出身，授翰林院庶吉士，出任四川电话局局长，后任四川公立工业专门学校校长。四川中西学堂法文科毕业生胡骧，四川人，留学法国巴黎大学，回国后被清廷赐进士出身，授翰林院检讨，任四川机器局局长。

（二）四川通省大学堂与四川省城高等学堂

1902年，光绪上谕宣布将所有书院改为学堂，同时发布管学大臣张百熙所拟《钦定学堂章程》，史称“壬寅学制”。这是近代中国第一个完整的以西方为标准的新学制。

1902年，四川总督奎俊奉旨合并四川中西学堂和尊经书院，组建了四川通省大学堂。四川通省大学堂设在原尊经书院旧址，仿京师大学堂办学，是中西结合、文理兼备的近代综合性高等学校。它标志着作为四川传统教育代表的尊经书院和作为四川近代高等教育代表的四川中西学堂共同向日趋完善的近现代高等教育过渡和转型。同年，四川总督岑春煊转发清廷指令：除京师大学堂外，各省的大学堂一律改称高等学堂。于是，四川通省大学堂改名为四川省城高等学堂。1903年，锦江书院正式并入。这就是四川大学历史上的第一次三强合并。

四川省城高等学堂的学科主要分为正科三类：正科一部即文科，包括经学（主要为中国哲学）、政法、文学、商科；正科二部即理科，包括格致（主要为数、理、化）、工科、农科；正科三部即医科，包括医学。学

图5　1910—1913年四川省城高等学堂美籍教师那爱德镜头中的学校

制一般都是四年，正科就是本科。由于条件限制，医科等未能正式开办。此外，根据不同需求，学堂设置了体育学堂、速成师范科、优级师范科、普通科（预科）、测绘学堂、铁路学堂、半日学堂、附设中学堂等科类。

其中，体育学堂的创办源自高等学堂总理胡峻提出的“教育以德智为重，而健康以体育为先，盖身强乃能强国”的思想，专门培养中小学堂的体育师资。测绘学堂和铁路学堂则由于建设川汉铁路和兴办民生事业的需要而兴办。创办于1905年8月的半日学堂是面向社会底层的完全义务性质的贫民学堂，以“教育贫苦子弟，使有生活必须之知识”为宗旨。凡是年龄二十岁以下有志于学者，由亲属具结，或是上午或是下午，都可入堂学习。半日学堂《招生广告》中说：“所教功课都是我们这辈子用得上的，无论学买卖学手工，都是不可少的”。

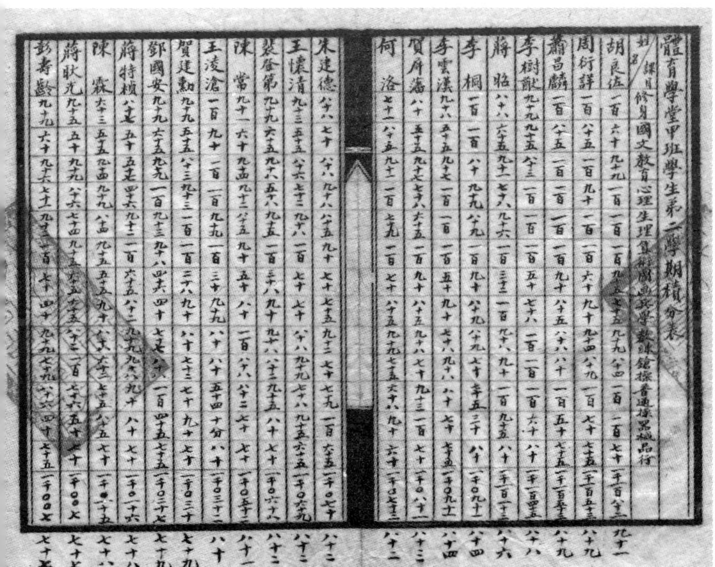

16　1907—1908年朱德在校学习成绩单（左起第11列，在校用名朱建德）

四川省城高等学堂涌现了一大批优秀的学生，如共和国元帅朱德就是1907—1908年体育学堂的高才生；文坛巨匠郭沫若曾就读高等学堂正科二部九班；著名传记作家韩素音的父亲周映彤则是作为铁路学堂的学生被派往比利时留学；刘光第的长子刘长述1905—1906年曾就读四川省城高等学堂，最早以保路运动为题材撰写了历史小说《松冈小史》。

四川省城高等学堂还是国内直接到国外聘请外籍教师的最早的学校之一，曾被授权主管四川省的留学生事务。1903年，四川总督岑春煊派四川省城高等学堂总理胡峻为考察日本学制游历官，率王章祜等人东渡日本考察学务。胡峻等在日本考察历时四个多月，还为学堂聘请日本教习，购买图书和仪器。

（三）四川通省师范学堂和五大专门学堂

经过1903年的“癸卯学制”改革，高等学堂、专门学堂和实业学堂体制在四川逐步确立。四川通省师范学堂（1905年）和“五大专门学堂”，即四川通省法政学堂（1906年）、四川通省农政学堂（1906年）、四川藏文学堂（1906年）、四川通省工业学堂（1908年）、四川存古学堂（1910年）等应运而生，与四川省城高等学堂以及1910年创办的华西协合大学等共同构成了清末四川高等教育的主阵容。邓小平同志的父亲邓绍昌当年就是四川法政学堂的学生。这些学堂的监督都是四川的学界名流，如四川通省师范学堂的监督徐炯和四川通省法政学堂的监督邵从恩等。经过重组和发展，这些学堂后来成为四川大学的重要组成部分。

1902年“壬寅学制”施行后，四川各新式学堂大多仿四川中西学堂成例，实行较为规范和严格的组织管理。其中，四川通省师范学堂分列三部：初级部，相当于初级师范；简易部，与初级部程度相同，主要是为年长者开办，后改为预科；优级部，即本科。据1908年统计，四川通省师范学堂共有学生342名，其中优级部60名，初级部109名，预科（简易部）173名。清代宣统元年（1909年）五月，又增设了一年制手工专修科。辛亥革命前，四川新式学堂数量居全国之首。

在辛亥革命前后，作为四川大学历史源头的锦江书院、尊经书院和四川各大学堂的师生（包括毕业生）始终是四川最活跃和最积极的力量。四川有名的“水电报”就出自四川大学校友龙鸣剑之手，并且发生在今天的四川大学望江校区东门外的九眼桥附近。龙鸣剑是四川荣县人，1905年进入四川大学（当时的四川优级师范学堂），后来在日本留学时加入同盟会。1909年，龙鸣剑创办了成都四圣祠街法政学堂。1911年，龙鸣剑积极投身四川保路运动。同年9月7日，在成都血案发生后，他与同盟会成员曹笃、朱国琛等人曾经在成都城南四川农业学堂农事试验场内制木板数百片，写上“赵尔丰先捕蒲、罗，后剿四川，各地同志，速起自保自救”的字样，然后涂以桐油，包上油纸，投入锦江中。沿江同志军因而迅速得知消息，纷纷起事。这就是所谓的“水电报”。后来，他与吴玉章等人在四川荣县起义，因早于武昌起义而被称为荣县首义。在行军途中，他因病逝世。

（四）华西协合大学

鸦片战争后，自成体系的洋学堂逐步进入中国。1877年，西方传教士大批进入四川，在传教布道的同时开设医院，兴创学校。1904年，英国、美国和加拿大的基督教差会美以美会（卫理公会）、浸礼会、英美会（中华基督教会）和公谊会开始筹划在成都开办大学。1905年11月，“华西协合大学临时管理部”成立并负责筹建工作，随即在成都南郊选定了校址。

这里距城中心仅二里左右，占地面积大约二百亩，土地平坦而清旷。1918年，圣公会加入了学校的办学活动。因此，当年的成都市民称华西协合大学为“五洋学堂”或“五会学堂”。

在筹建时期，学校得到了英国牛津大学、剑桥大学和加拿大多伦多大学等国外著名大学的大力帮助。美国芝加哥大学的教育家波尔顿和张伯伦亲自到成都考察和指导学校的筹建工作。1907年，学校开始兴建校舍。

1908年10月正式拟订的《华西成都基督教大学筹办方案》规定：学校的办学宗旨是“借助教育为手段以促进基督事业”。在后来制定的学校章程中，更是明确指出：学校是“为与华西各差会有关系的中国或其他国家人士提供教育设施”，“为所有其他阶层青年提供受教育的手段”。由

图7　20世纪初华西协合大学的外国传教士溯长江而上前往四川时绘制的图画

此，人们不难看出学校作为教会大学的办学性质。

1910年3月11日，在校舍还没有完全建成的情况下，华西协合大学（West China Union University）正式开学，成为今日四川大学重要组成部分之一的华西医科大学的历史起源。它与上海的圣约翰大学、苏州的东吴大学、广州的岭南大学、北京的燕京大学和山东的齐鲁大学等并列为全国13所教会大学。与其他教会大学一样，华西协合大学具有基督化、西方化、国际化的特点，实施的教育以西学、神学为重，教员大多来自英国、美国和加拿大，早期的办学经费主要来自差会的拨款和传教士的募捐。华西协合大学创办之时，正值四川社会和教育的重大转折期，古代书院已经衰落，新式学堂不断发展。由此，四川出现了两种性质迥异的高等学府：一是以四川省城高等学堂为标志的四川近现代高等学府，一是以华西协合大学为标志的西式教会大学。它们最后都成为今日四川大学的重要组成部分。

在1910年创办华西协合大学的许多人士中，最具有代表性的是美国卫斯理大学文学博士、神学博士毕启（Joseph Beech）。他于1913—1946年先后担任了大学校长和校务长，曾经获当时国民政府授予外籍特殊勋绩人士褒奖——红蓝镶绶四等彩玉勋章。他强调，要从中国发展的实际需要出发办学，突出技术科学、应用科学，注重学生毕业后的职业出路，使各学科专业体现出实业性的特点。毕启自1913—1942年近三十年间，15次横渡大西洋来往于美国和中国之间，为学校筹款达100万美元，为建设华西协合大学贡献了毕生的精力。

华西协合大学实行学舍制，按照参加大学组织的差会划分区域，由参加联合办学的各教会分别建造和管理一组学舍，共同负担大学行政一定经费。学校则集中精力进行规划建设、教学计划的实施和教学科研的后勤保障。在管理体制上，华西协合大学按照协合的原则，仿英国牛津大学体制，由董事会、理事会、校长行政会（内阁）构成。

1910年创办之初，华西协合大学开设了文、理两科，11名学生均来自此前开办的华西协合中学。第一年的任课教师中有2名中国人和8名外籍人士。学制为三年预科，三年正科，毕业后授予学士学位。文科设哲学、教育、英文、西洋史学和综合文科五个系。理科设生物学、化学、数学、物理学四个系。大学教材除中国文史外，大都采用国外教材。由于实行了严格的淘汰制度，当1915年第一批学生毕业时，华西协合大学

图8　1910年的华西协合大学校门

仅有胡海云获哲学学士学位，吴树成获教育学士学位。

三、艰难创兴（1911—1949年）

（一）成都高师和专门学校

1912年，著名教育家蔡元培担任中华民国临时政府教育总长，颁发了《大学令》《大学教育规程》等一系列教育法令，史称“壬子学制”。辛亥革命后，四川省城高等学堂改名为四川官立高等学校，四川通省师范学堂先后改名为四川优级师范学校和四川高等师范学校。差不多同时，五大专门学堂也相继改称四川公立国学、外国语、法政、工业、农业专门学校。经过1912年“壬子学制”改革，四川官立高等学校将师生及一切经费、校产、图书、设备等于1916年转入四川高等师范学校，同时改名为国立成都高等师范学校。这是四川大学历史上校名前冠以“国立”的起始。

在20世纪初叶，1916年组建的国立成都高等师范学校与北京高等师范学校（今北京师范大学）、南京高等师范学校（今南京大学）、武昌高等师范学校（今武汉大学）、广东高等师范学校（今中山大学）、沈阳高等师范学校（今东北大学）并称为全国六大高师。据教育部1918年统计，国立成都高等师范学校专任教师和在校学生人数仅次于北京高等师范学校，名列第二；全年经费数名列第四。按照曾经就读于国立成都高等师范学校的原国家主席杨尚昆的说法：“当时高师是四川的高等学府，高师的校长有很高的社会地位。”1922年9月入校学习的姜亮夫（在校用名姜寅清）就是慕名而来的云南昭通考生。对于曾经就读的国立成都高等师范学校、北京师范大学、清华大学和巴黎大学这四所大学，国学大师姜亮夫说：“给我印象最深、影响最大的是二十年代在成都高等师范学校和清华大学研究生院的读书经历。”他盛赞这里是“国学浩瀚胜大海”，“守身如玉德之花”。

1922—1924年，吴玉章担任国立成都高等师范学校的校长。用他自己的话来说，“我费了很大力量来办这个学校”。对于这不到两年的时间，

图9　著名无产阶级教育家、国立成都高等师范学校校长吴玉章（前排右三）1923年与师生合影

吴玉章自己评价说："采取革新的措施，聘请了许多具有新思想的人来担任教师，并加强学校纪律，扭转了散漫的风气和革除了落后的封建陋习，对教师和学生的学习、生活尽力关心照顾。经过一番整顿，学校面貌大大改观，师生员工团结得很紧密，树立了一种崭新的学风。同学们有秩序，有朝气，追求知识，孜孜不倦，议论政治，意气焕发，成都高师成了进步

势力的大本营。”因此，吴玉章当年在四川大学的教育实践正是他无产阶级教育活动的早期探索和有益尝试。

以国立成都高等师范学校和五大专门学校等为主体，当时的四川大学成为四川五四运动和新文化运动的策源地。1918年，国立成都高等师范学校和四川公立外国语、法政、工业、国学等专门学校共计12所学校的学生代表成立了四川学生救国会，并发表《救国警告书》，矛头直指日本帝国主义和北洋军阀政府。五四运动爆发后，国立成都高等师范学校在省内第一个通电全国，声援北京学生的反帝爱国行动，强烈要求“杀卖国贼以谢天下”。学校师生在四川率先发动“外争国权，内惩国贼”的反帝、反封建爱国运动，创办与《湘江评论》齐名的《星期日》等传播新思潮的进步刊物，涌现了一批学生领袖和革命先驱。

享誉海内外的文学大师、社会活动家、“人民作家”巴金1919—1923年曾经在四川大学（当时的四川公立外国语专门学校）求学，在校用名李尧棠。在校期间，他如饥似渴地大量阅读进步书刊，如《新青年》《每周评论》《少年中国》等，参与本校师生编辑出版的《四川学生潮》《星期日》《威克烈》活动，创办《半月报》，组织进步社团“均社”。他的第一篇文章《怎样建设真正自由平等的社会》就发表在他编辑的《半月报》上。在《巴金文集》中，他这样回忆：“五四运动象一声春雷，把我从睡梦中惊醒了。我睁开眼睛，开始看到一个崭新的世界。”

在20世纪二三十年代，四川大学师生是四川共产主义党团组织的主要创建者和重要成员，以四川大学师生为主要成员的四川马克思读书会是四川地区共产主义党团组织创建的组织基础，四川大学师生创办的《人声》

是四川地区共产主义党团组织创建的重要舆论工具，在四川地区的党团组织的创建中作出了重大贡献。1922年上半年，四川地区早期的一批马克思主义先驱王右木、恽代英、杨闇公、吴玉章等在国立成都高等师范学校建立了社会主义青年团组织，是已知的四川地区最早的社会主义青年团组织。1923年夏天，王右木任书记的中国共产党成都独立一组是中共中央批准的四川地区第一个中国共产党的组织。

（二）三大学

1922年学制改革后，1926年成都高等师范学校一分为二，原四川高等学校部分搬回南较场而重建国立成都大学，师范部分改建为国立成都师范大学。五大专门学校则于1927年合并组建公立四川大学，五院学长（1930年以后称院长）组成公立四川大学大学委员会，共同代行校长职权。第一届大学委员会由向楚（中国文学院学长、省教育厅代理厅长）、杨伯谦（外国文学院学长）、刘昶育（法政学院学长）、伍应垣（工科学院学长）、邓崇德（农科学院学长）组成。这一时期被称为四川大学历史上的“三大学”时期。

作为国立成都大学的校长，后来担任中华人民共和国第一届中央人民政府副主席的张澜上任后即千方百计延聘名师。他提出“打开夔门，广纳英才，欢迎中外学者来川讲学”的响亮口号。张澜曾有“布衣省长”之称。所以，他十分注意民主办校，注重发挥教授的作用，对学校的管理体制进行了较大改革，还对学科、课程设置进行了全面的改革。张澜学习蔡元培办理北京大学的基本指导思想，最突出的就是坚持兼容并包，主张学

图10　中华人民共和国第一届中央人民政府副主席、国立成都大学校长张澜（前排右二）1930年与师生合影

术自由和思想自由。他强调：“学生的前途，不在旧社会，而在新社会中，于是他的出路方向，也就不在适应旧社会，而在改变旧社会，不在阻止新社会，而在创造新社会。”张澜在《四川省城高等学堂校歌》的基础上，亲自修订了《国立成都大学校歌》的歌词，充分反映了学校的特色和

校风："岷山峨峨开天府，江水泱泱流今古。聚精会神生大禹，近揆文教远奋武。桓桓熊罴起西土，锵锵鸣凤叶东鲁。和神人，歌且舞，领袖群英吾与汝。"2013年，这首歌被确定为《四川大学校歌》。民盟中央主席史良高度评价张澜办国立成都大学的教育思想和办学成就，称赞他是"杰出的人民教育家"。

在"三大学"时期，四川大学可以说是师资极一时之盛而人才辈出。例如，在国立成都大学教师中，有文科和法科学长兼政治学系主任吴永权、理科学长兼物理系主任沈懋德、预科学长熊晓岩、中文系主任吴芳吉、英文系主任廖学章、历史系主任叶秉诚、教育学系主任刘绍禹、理预科主任杨世英、文预科主任周澧、数学系主任胡助、化学系主任曾济实、生物学系主任刘运筹、法律系主任费有俊、经济系主任张籍、注册部主任刘植、斋务处主任杨特、图书馆主任周光煦、庶务部主任何式臣、会计部主任张简等。1980年当选为中国科学院学部委员的放射化学家肖伦则是国立成都大学的学生。他1926年中学毕业后，以优异成绩考入国立成都大学理科预科，1939年毕业于清华大学，1951年获美国伊利诺大学博士学位，长期从事民用放射性同位素的研究、开发和应用，曾任中国原子能科学研究院研究员、中国同位素学会名誉理事长。

（三）立案前的华西协合大学

华西协合大学仿英美体制，在初设文、理两科的基础上，设置教育、宗教、医学、牙学等科，逐步成为一所"规模宏大，科学完备"、文理并重、医牙为主的综合大学，尤其"医牙两科，成绩特著"。

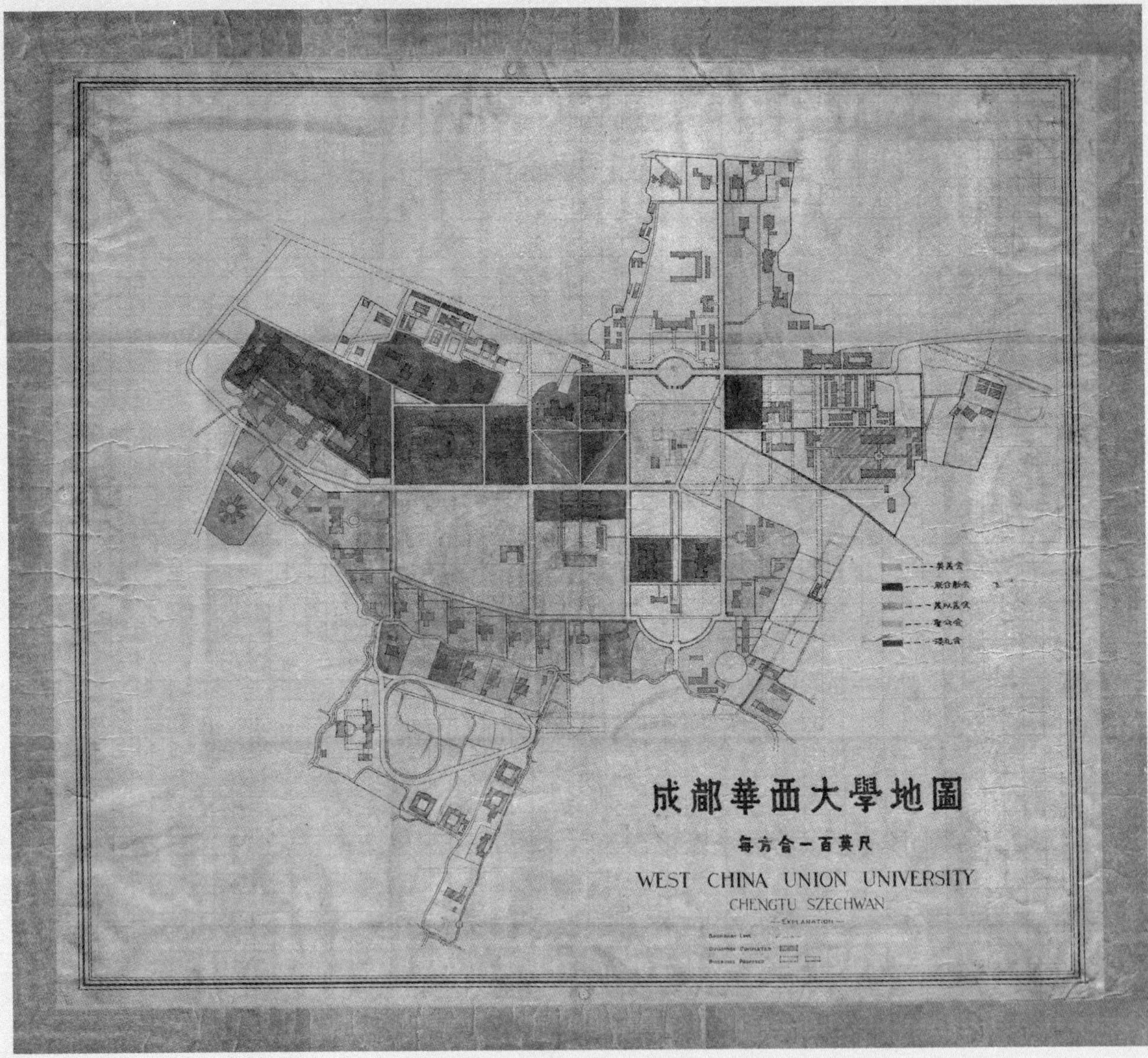

图11　1918年前后的成都华西大学地图

1914年，华西协合大学创建了医科。在这之前，基督教各差会已在中国西南地区兴办了一批医院和诊所。其中，成都的仁济男医院、仁济女医院、存仁医院、仁济牙症医院已经在培训中国医助人员。医科创办者们直接借鉴了当时世界上最先进的医学教育管理模式，科目设置和教学计划按照美国、加拿大标准制定。学制初为六年，其中预科三年，正科三年。自1920年开始，医科学制增加至七年，其中预科三年，正科四年。到20世纪30年代后，医科学制定为预科一年，正科六年。因学生入校时文化程度不一，在实行七年制教学时，八年制、九年制也同时存在。

华西现代医学教育的先驱者多为加拿大人和美国人。他们在学业有成、风华正茂的时候来到了华西协合大学，不少人甚至毕生留在四川从事医学教育工作。例如，美国解剖学家莫尔思（W. R. Morse），作为创办人之一创立了西南地区最早的现代医学专业，一直在校任教至1937年。加拿大生理学家启真道（L. G. Kilborn）在校30年，曾任医学院院长和医牙学院总院长。其父启尔德（O. L. Kilborn）是华西协合大学创办人之一，其母启希贤（R. G. Kilborn）是成都仁济女医院创办人。医科1920年开始有毕业生，第一班有刘月亭、李义铭、胡承先、颜相和4人，第二班有钱家鸿、陈鸿信、王开基3人。

为发展专科教育和专科医疗，被誉为“中国现代口腔医学创始人”的加拿大林则博士（A. W. Lindsay）1907年在成都四圣祠开设了牙科诊所，1917年在华西协合大学创办中国最早的牙科专业。由此，华西协合大学成为中国现代口腔医学的发源地和摇篮，中国各地牙科的早期创建者或领导者大多是这里培养出来的。

1911年，黄天启进入华西协合大学学习，后改学牙科。1921年，他成为中国第一个牙科医生，也是亚洲第一个牙科毕业生。毕业后，他留校任教，兼任成都四圣祠牙症医院副院长。1926年，他留学加拿大多伦多医学院，获牙医博士学位。抗日战争爆发后，他先后任华西协合大学医学院、中央大学医学院牙科教授和华西、齐鲁、中央三大学联合医院牙症医院院长。他医德高尚，对所有病人一视同仁，常常说："医生是看病，不是看人。"

1922年，美国纽约州立大学评议员们给华西协合大学颁发了临时性的特许状，同意对学校毕业生的学业成绩进行复核后，由纽约州立大学同时授予该校学位。1934年6月25日，美国纽约州立大学评议委员会批准华西协合大学授予文学学士（B. A.）、理学学士（B. S.）、药学学士（B. S. Pharmacy）、医学博士（M. D.）和神学博士（D. D. S.）等学位。1938年，华西协合大学向美国医学考试委员会全国协会提出的认证申请获得批准。这在华西协合大学国际化办学的历史进程中具有重要的里程碑意义。

1924年，华西协合大学招收第一班女生共8人，建立女生学院，开内地男女合校之先声，是全国最早开展女子高等教育的学校之一。1929年，学校文、理科共有女生5人毕业。1934年，在华西协合大学561名注册学生中，约三分之一是女生。学校女子学院的多数学生来自于四川各地，也有来自于朝鲜、苏联和美国的留学生。华西协合大学有史以来培养的第一个女医学博士是有"北有林巧稚，南有乐以成"之说的著名的妇产科专家、医学教育家乐以成。她1921年女扮男装只身出逃至成都求学，1924年至1932年就读于华西协合大学，1932年成为第一个毕业的医学女生。

曾任四川医学院教授、副院长的中国科学院院士、微生物学家陈文贵是华西协合大学优秀学生的代表。1927年，他曾经参加南昌起义，任国民革命军第11军第24师卫生队队长。1929年，他毕业于成都华西协合大学，获医学博士学位。20世纪30年代初，他研究了疫苗血清制造技术，进行了鼠疫调查和防治工作。30年代中期，他被聘为国际卫生组织公共卫生视察员，赴印度及南洋一带考察鼠疫防治措施。40年代初，他率队前往湖南常德，对日本军国主义制造细菌战的行为进行实地调查，写出了著名的《湖南常德鼠疫报告书》，以大量科学根据揭露了日本军国主义制造细菌战的事实。

经过短短十来年的建设，华西协合大学在成都城南呈现出一番新的景象："我们安居在新家，我们非常地喜欢它，农田里大豆花散发出令人喜爱的芳香。"每天清晨，外国"洋娃娃"骑着小马，从玩泥浆、捉泥鳅的农村小孩身边跑过，到城里的"加拿大小学"上课。每到周末，精力过剩的外国男女，做出让老乡们百思不解的古怪行为，如在刚刚修好的道路上来回狂奔，在草坪上拍打网球等。1925年，学校面积达900亩，有29座主要建筑，办公大楼、教学楼、图书馆、学生宿舍等颇具规模。在建校之初，华西协合大学专门聘请英国著名建筑师弗烈特·荣杜易进行建设规划。他将西式园林、西式建筑风格与中国传统风格相结合，创造了中西合璧的"中国式新建筑"群落。2001年，成都市人民政府将学校8幢老建筑列为"成都市文物建筑"。2013年，华西协合大学老建筑作为四川大学早期建筑（1913—1954年）的主要构成被列为"全国重点文物保护单位"。

1925年上海"五卅惨案"发生后，华西协合大学学生李宝鲁等第一次组织了"退学团"。1926年9月5日，四川"万县惨案"发生。华西协合大

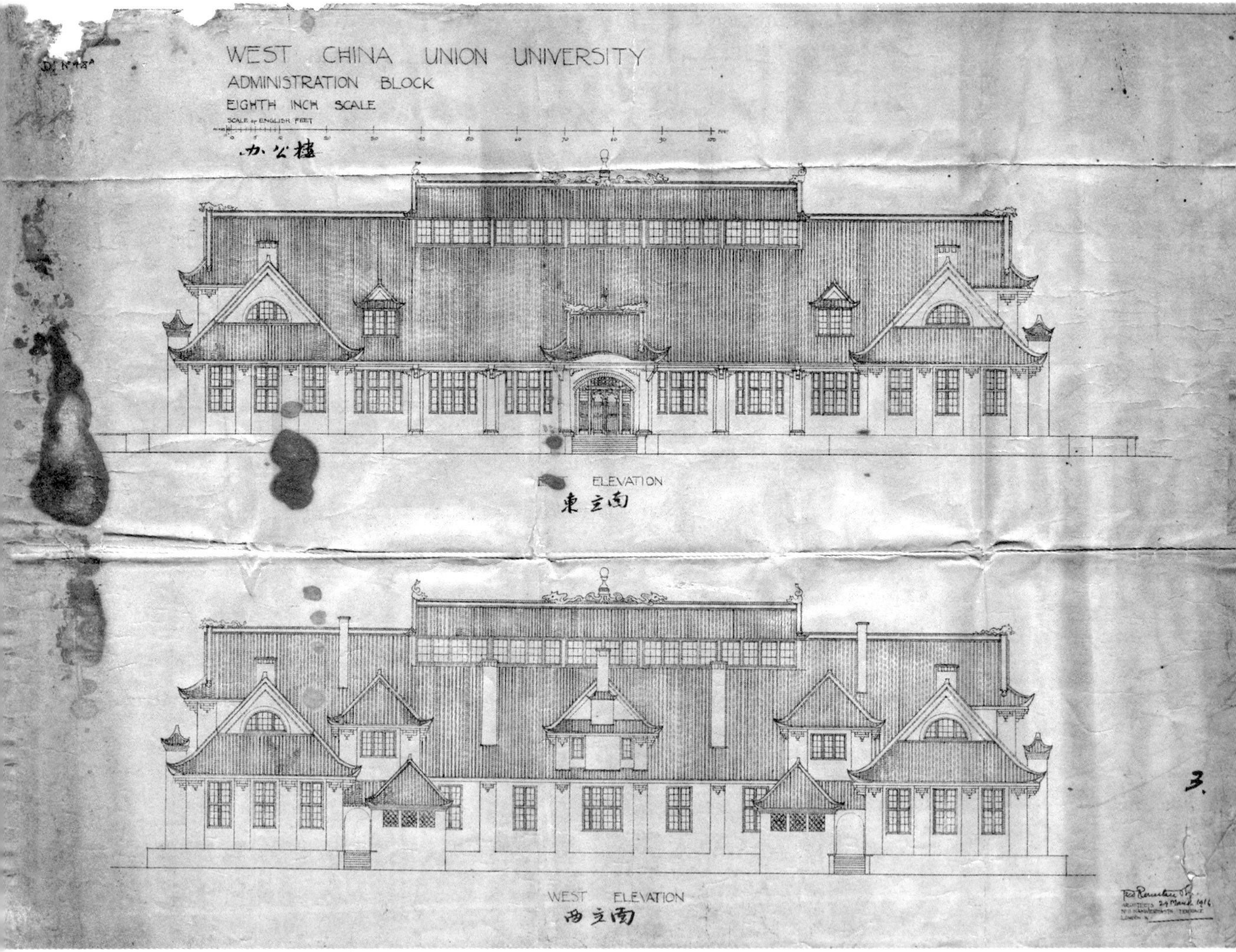

图12　华西协合大学事务所（怀德堂，今四川大学华西校区行政楼）设计图

学校方威胁开除参加“万案雪耻”示威游行的华西协合大学学生，愤怒的学生们再次成立了“退学团”，占当时华西协合大学学生半数的160余人以及华西协合中学校、华西协合师范学校、华西协合神道学校、高琦初级中学共约500余人退学。国立成都高等师范学校等校接受和妥善安置了大批退学学生到校学习。最后，华西协合大学学潮以学生胜利而结束。

（四）抗战前的国立四川大学

1931年11月9日，国立成都大学、国立成都师范大学、公立四川大学合并为国立四川大学，是当时国内13所国立大学之一。“三水汇流”是学校历史发展的重要里程碑，标志着四川大学国立化和现代化的进一步启动。这是四川大学历史上的第二次三强合并。

首任国立四川大学校长是王兆荣。他1918年毕业于东京帝国大学法科，曾被推为中国留日学生救国团总干事长，先后在国立北平法政大学、安徽省立法政专门学校、上海中国公学担任教务长、校长。抗战胜利后任私立成华大学校长。执掌国立四川大学后，他立即着手整顿校务，努力推进学校各方面的发展，在军阀混战的恶劣条件下，为学校的发展奔走呼号。

在王兆荣任上，四川叠溪发生了大地震。他请求当时的中央研究院院长蔡元培和四川大学一起组成考察团前往灾区，但是没有得到积极的回应。于是，他积极支持四川大学师生独立组团前往震区开展科学考察活动。在此之前，也就是叠溪地震发生一个月后，1933年9月27日至10月10日，成都水利知事公署技术主任全晴川受派前往叠溪一带专门勘察岷江水源截断情形。年仅23岁的江津人诸有斌是四川大学史学系第四班学生。他

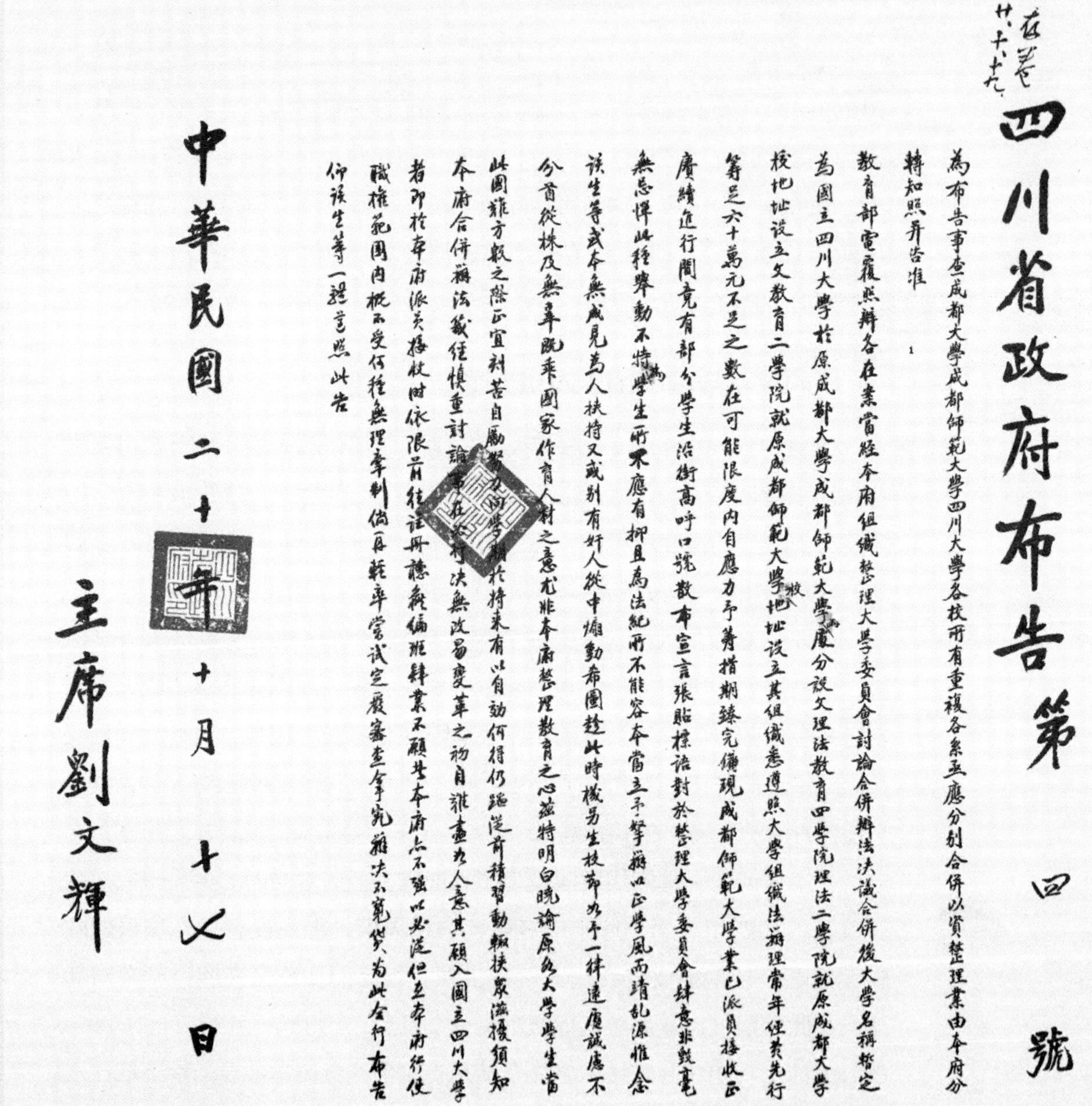
存卷 廿、十、十九

四川省政府布告第 四 號

為布告事查成都大學成都師範大學四川大學各校所有重複各系亟應分別合併以資整理業由本府分

轉知照并咨准

教育部電覆照辦各在案當經本府組織整理大學委員會討論合併辦法決議合併後大學名稱暫定

為國立四川大學於原成都大學成都師範大學處分設文理法教育四學院理法二學院就原成都大學

校地址設立文教育二學院就原成都師範大學校地址設立其組織悉遵照大學組織法辦理常年經費先行

籌足六十萬元不足之數在可能限度內自應力予籌措期臻完備現成都師範大學業已派員接收正

賡續進行闔竟有部分學生沿街高呼口號散布宣言張貼標語對於整理大學委員會肆意非難毫

無忌憚此種舉動不特為學生所不應有抑且為法紀所不能容本當立予拏辦以正學風而靖亂源惟念

該生等或本無成見為人扶持又或別有奸人從中煽動希圖趁此時機另生枝節如予一律逮處誠恐不

分首從株及無辜既乖國家作育人材之意尤非本府整理教育之心茲特明白曉諭原各大學學生當

此國難方殷之際正宜刻苦自勵努力向學期於將來有以自効何得仍蹈從前積習動輒扶衆滋擾須知

本府合併辦法幾經慎重討論事在必行決無改易變革之初自難盡如人意其願入國立四川大學

者即於本府派員接收時依限前往註冊聽候編班肄業不願者本府亦不強以必從但在本府行使

職權範圍內概不受何種無理牽制倘再輕率嘗試定嚴密查拿究辦決不寬貸為此令行布告

仰該生等一體遵照此告

中華民國二十年十月十七日

主席劉文輝

图13　1931年四川省政府主席刘文辉发布的国立成都大学、国立成都师范大学和公立四川大学合并组建国立四川大学的布告

主动报名前往。10月9日深夜10点左右，叠溪以北岷江上游因地震形成的堰塞湖突然溃决，诸有斌等12人来不及逃离，英勇牺牲。1933年12月21日至1934年1月14日，四川大学教师周光煦带领师生员工共计12人组成叠溪地质考察团，克服困难，专程前往叠溪震区进行野外地质和生态考察。通过这次实地考察，四川大学师生完成了国立四川大学调查报告之一《叠溪地质调查特刊》，成为叠溪地震研究的重要素材。

1935—1937年，“科学事业家”任鸿隽担任四川大学校长。他到四川大学后，厘定课程，延聘教授，整顿学风。他提出，要输入世界的智识，建设西南的文化中心，担负起民族复兴的责任，把四川大学办成一所规模宏大、师资设备齐全、有国内第一流学术水平的综合大学。经多方努力，他为学校争取到300万元建筑费，力主将校址确定在外东望江楼附近，即今天的四川大学望江校区。1937年6月16日，在举行新校舍破土动工典礼后，他辞去了四川大学校长职务。在任鸿隽之后担任国立四川大学校长的是中国第一位牛津大学哲学博士获得者、在中国大学正规地讲授康德哲学和黑格尔哲学的第一位学者张颐。

正是在1937年前后，四川大学确立了在黄河、扬子江两水的上游广大地方，建设一个能成为文化策源地的综合大学的目标，进一步向先进的欧美大学建设模式转轨。四川大学一时名流荟萃，学者云集，蔚为大观。其中包括哲学家朱光潜、天文学家李珩、农学家王善佺和董时进、文学家饶孟侃、原中央研究院研究员冯汉骥和徐中舒、原北京大学教授吴大猷、原南开大学教授张洪沅、原清华大学教授萧公权和赵人俊、原教育部高等教育司司长黄建中等。当时在四川大学中文系读书的著名文字学家王利器说："日寇入侵华北，平津名教授多来川大任教，同学们私下里认为这是四川的北京大学。"

（五）立案后的华西协合大学

五四运动后，全国各大城市掀起了收回一切外国人在华教育权的斗争。在华西协合大学师生爱国运动的推动下和中外进步人士的努力下，华西协合大学于1927年向四川省教育厅申请立案。曾经留学日本的华西协合大学中国文学系首任系主任程芝轩，积极参与和促成了华西协合大学向中国政府立案的工作。其目的在于：让中国人参与校政，以表现中国化的特征；取消强制的宗教教育，以避开"宗教堡垒"的攻击；在"沟通东西文化"的口号下，引入国学研究，以显示本国文化的精神。1933年9月23日，四川省教育厅转教育部指令："私立华西大学，应准予立案。"至此，华西协合大学完成了大学转型和改组，更名为私立华西协合大学。为此，学校举行了盛大的庆祝大会。

在向中国政府立案前后，由于办学宗旨的修改，管理体制的转变，教学制度的完善，办学规模的扩大，办学条件的发展，尤其是文学、理学和医学院的建立，华西协合大学进入了一个新的发展时期。

1927年，华西协合大学的办学宗旨已转变为："本大学以教授高深学术、养成高尚品格、增进人类幸福为目的。"同时，以"仁智、忠勇、清慎、勤和"为内容的新校训体现了儒家的文化精神。中国人参与和主持校政，原校长毕启改任校务长，华西协合大学文科学士、美国西北大学硕士、德鲁大学博士张凌高任校长。在学校最高决策机关理事部中，中国人超过半数。在新设的大学董事部中，中方人员也超过半数。

立案后，华西协合大学取消了道科专业，将宗教课由必修课改为选修课，附设神道学校从大学分离出去。同时，增聘了一批非宗教界的学者和名流，如林山腴、龚向农、李培甫、庞石帚、朱少滨、闻在宥、周太玄、姜蕴刚、傅葆琛、毕天民、魏时珍、杨佑之、沈嗣庄、李思纯、张铨等。1932年，米玉士（E.N.Meuser）创办了制药系，这是中国最早建立的现代高等制药教育机构之一。1928年，存仁医院改为眼耳鼻喉专科医院，招收医科毕业生继续专修眼耳鼻喉科两年。这是中国最早创办的该类专业。1929年，学校将医科与牙科合并为医学院，设有解剖学系、生物化学系、病理学系、内科学系、外科学系、卫生及公共卫生学系、口腔内外科学系等14个学系。此外，尚设有专业英文系。

为了办成综合性大学和西南地区的学术中心，华西协合大学先后成立了中国文化研究所、边疆研究所、经济研究所、教育研究所、历史研究所、中国社会史研究所、国学研究部、农业研究所、药学研究所等研究机构。有的系虽没有正式成立研究所，但不少教师仍在课余开展研究工作。在立案后，华西协合大学的学科设置更加完备，突出了实业教育、实践教育和实用教育的特色。例如，在华西协合大学理学院生物系下设动物组、植物组和农业组，1936年曾设一年制农业讲习班。化学系1935年后曾设染色专修班、制革科。

1932年，华西协合大学历史博物馆正式成立，尤以对中西部古物及边疆和民族器物的收集精良而著称，成为今日四川大学博物馆的直接前身。美国考古学家，芝加哥大学宗教心理学硕士、人类学博士葛维汉（D. C.

Graham），曾任学校博物馆首任馆长。他主持了四川多项重大考古发掘。例如，1933年他对广汉三星堆遗址的首次发掘，引起了国内外学术界的广泛关注。

图14　成都的“五老七贤”曾在1933年立案后的华西协合大学任教

（六）抗战时期和战后的国立四川大学

在张颐之后，相继担任四川大学校长的是曾任中央大学教授、国立浙江大学校长、代理安徽省政府主席的程天放，美国俄亥俄州立大学政治学硕士、曾任四川省小学生保路同学会会长和国立成都大学教授的黄季陆。

在抗日战争时期，植物学家钱崇澍院士，数学家李国平院士，核物理学家张文裕院士，体育组主任宋君复，大韩民国临时政府副主席金尢史，著名新闻人孙伏园，历史学家、思想史家钱穆，现代诗人、翻译家、文学评论家卞之琳，化学家袁翰青院士，遗传育种学家鲍文奎院士，物理学家李荫远院士，数学家吴大任，经济学家胡寄窗，胚胎学和发育生物学家童第周，经济学家陶大镛，古典文学家萧涤非，教育家张敷荣，园林和花卉专家陈俊愉院士等许多著名学者云集四川，受聘到校任教。虽曾一度迁校峨眉，大后方的国立四川大学在相对安定的环境中不断发展，成为“全国独善的最高学府”和“西南培养人才的总枢纽”。美国前总统乔治·布什认为：“第二次世界大战时期，四川大学确实起了保持中国高等教育传统的作用。”

随着办学实力的增强、学生数量的增加、学校地位的提高，根据战时经济发展的需要，教育部批准四川大学增设了不少学系，办学规模日益扩大。1937年5月，教育部批准农学院设立园艺系。10月3日，批准设立农学院病虫害系。1939年6月，批准改农学系为农艺系。7月20日，批准农学院设立蚕桑学系。原有的一些院系设置也获准恢复。1937年9月，教育部批准将政治经济系分为政治、经济两系。1938年7月，批准将数理系改为数学、物理两系。1939年年底，国立四川大学除

图15　20世纪30年代国立四川大学校门外景

图16　在抗日战争时期迁往峨眉办学的四川大学师生

农学院外，南迁峨眉，继续办学。

20世纪40年代，四川大学有了进一步的发展。1940年教育部举行第九届各大学毕业生论文竞赛，国立四川大学获奖者达31名，居全国第二。1941年8月，学校恢复师范学院。1941年11月，教育部批准学校设文科研究所和理科研究所，并专管研究生培养，分别由向楚、张洪沅教授担任所长。

1943年，国立四川大学迁返成都，由市中心正式迁到望江楼附近，加速了现代化和国立化的步伐。1944年起，四川大学利用南较场的校舍办起了夜大部和先修班，规模曾一度达到2000余人，主要接纳从沦陷区流离到大后方的失业、失学青年，为公务人员进修提供方便，是当时全国推行夜间成人教育之始。

黄季陆担任校长后，四川大学的院系不断增加。首先是工学院的恢复。1944年，学校设航空工程系、土木水利工程系。为了教学实习的便利，国民政府航空委员会向学校捐助了包括外号“黑寡妇”、有“夜空女王”之称的P-61夜间战斗机在内的各式大小飞机20多架和工具500余件。

1945年，教育部批准理学院扩建为理工学院。1947年，四川大学工学院正式建立，接收兵工署50工厂成都分厂，设立了自己的木工厂、翻砂厂、锻铸厂、金工厂等，拥有“中国各种大学工院中最完备之实习工厂”。1948年秋，新建化学工程系。在农学院方面，1943年，经教育部批准，设立了农业经济系；1944年，又增设畜牧兽医、农业化学两系。1943年，李约瑟在考察了中国高等教育后，在报告中把农学称为四川大学“最强的学科”。1944年，美国副总统华莱士在成都与四川大学农学院杨允奎教授专门讨论玉米改良问题。在文学院方面，40年代初，史学系增设地学专业，改称史地系。1947年秋，分设史学系和地学系。作为当时中国西部地区唯一的地理专门系，地学系调整入理学院。

1948年，国立四川大学共有文、理、法、工、农、师范6个学院，25个系，十余个专修科，两个研究所。学校共有教职工981人，其中专任教授166人。在校研究生、本科生和专科生合计6405人，占全省大学生人数的三分之二以上，是当时国内规模最大的一所高等学校。1949年，由魏时珍担任院长的国立成都理学院停办，该院学生进入四川大学学习。

在国立四川大学时期，四川大学培养了一大批优秀学生，仅1941届毕业生中就有三位大师级人物：经济学家蒋学模、化学家陈荣悌院士和国学大师王利器。

在20世纪世界反法西斯战争中，四川大学师生相继创办了《前进》《金箭》《大声》《星芒》等反法西斯刊物，创建了“中华民族解放先锋队成都队”“四川抗敌后援会”和“成都抗敌宣传团”等反法西斯组织，四川大学成为中国大学抗日救亡的重要舆论中心之一。国立四川大学的中

图17　国立四川大学师生积极参加抗日救亡运动

共党总支是国统区最大的基层党组织，曾经有123名党员。

（七）抗战时期和战后的华西协合大学

抗日战争爆发后，同国立四川大学一样，地处祖国大后方西南的华西协合大学在特殊环境下得到了较大发展。齐鲁大学（校长汤吉禾）、金陵大学（校长陈裕光）、金陵女子文理学院（校长吴贻芳）、中央大学（医学院院长戚寿南）、燕京大学（校长梅贻宝）等学校，先后迁至华西协合大学，共用校园、校舍、实验室、教学医院和图书设备等条件联合办学。几个大学设有文、法、理、医、农五个学院，拥有六七十个学系，各校学生可跨校选修课程，史称“五大学”时期。1942年秋季以前指金大、金女大、齐大、中大、华大五校，之后指华大、金大、金女大、齐大、燕大五校。华西坝成为抗战大后方教育文化中心之一。吴宓教授为“五大学”联合办学专门撰写了一副对联：“众志成城天回玉垒；一心问道铁扣珠门。”时任四川省教育厅厅长的郭有守曾经将华西坝五大学比喻为“Big Five”。史学家唐振常回忆道：“过万里桥，左转，前行，即是当年全国校地之大，校园之美，无出其右者的著名的华西坝。”当年抗战时的教育文化中心，民间有“三坝”之说：成都的华西坝被誉为“天堂”，重庆的沙坪坝被称为“人间”，汉中的鼓楼坝被贬为“地狱”。

1938年7月，“华大、中大、齐大三大学联合医院”建立，共有病床380张，由中央大学医学院院长戚寿南任总院长。医院管理制度仿照北平协和医院建立。1942年建立了华西协合大学医院。1938年建立了结核病疗养院。1941年接收了一所麻风病医院。1943年筹建了精神病院。

图18　抗日战争时期华西坝“五大学”学生生活

“五大学”共同成立了战时服务团。1939年1月13日，“五大学”战时服务团邀请冯玉祥将军来校讲演。当冯玉祥将军讲到与日寇血战到底时，他问：“天上的乌鸦多，还是日寇的飞机多？”同学答：“乌鸦多。”他紧接着问：“乌鸦拉屎拉到谁的头上啦？”同学们彼此看了看，边笑边摇头，“没有！”于是，冯将军坚定地说：“那么日本飞机扔炸弹就不用怕了！”1939年3月，“五大学”战时服务团在智育电影院公演大型话剧，将公演收入3100多元全数支援前线。1939年5月，“五大学”战时服务团发起成立了防护大队，师生参加者300多人。

1939年6月11日，日军轰炸成都，制药系二年级女学生黄孝逴在赶赴学校救护队工作途中被炸身亡，由教育部通令嘉奖。

抗战时期，学校图书馆被国内外学者誉为中国保存最完整的大学图书馆之一。这所由美国人赖孟德1916年捐资修建、1928年落成使用的图书馆，至1944年，馆藏图书已达20万余册，收藏有大量珍本、善本和名人

手稿。其中所藏四川方志十分丰富，包括四川142县的280余种；所藏牙医学书籍的数量和质量为全国之冠。1942年，李约瑟博士曾捐赠缩微阅读设备。

抗战胜利后，内迁高校陆续迁返原址。在“华西坝五大学联合办学纪念碑文”中，其他四所高校指出：“华西协合大学之校舍、图书馆及一切科学设备亦无不与四大学共之，甚至事无大小，均由五大学会议公决，而不以主客悬殊，强人就我。即学术研究，亦公诸同人，而不以自秘，此尤人所难能。若持之以恒，八年如一日，则难之又难者也。”此后，华西各学院继续得以充实和扩大，恢复和新办了一些专业，加强文理医牙各学科的渗透，努力提高教学质量。1947年8月，学校成立以方叔轩为主席、蓝天鹤教授为总干事的“华西大学募集基金委员会”。在尽力延揽知名教授的同时，学校有计划地派遣教师出国留学或讲学，以培养和储备高水平的教师。1949年，在国外进修、讲学的人数有90多名，他们学成后大都毅然返回国内。1948年蓝天鹤创办的我国第一个生化研究所成立。在抗战时期，华西协合大学已用X光机进行医学诊断，用镭治疗癌症。刘承钊等发现了“峨眉弹琴蛙”等生物新种。

毕业于华西协合大学，后留学美国的方叔轩是华西协合大学的第二任华人校长和最后一任校长。在1932—1933年和1946—1948年，他曾经两度代理华西协合大学校长。1948—1951年，他正式担任华西协合大

華西徵衣冬賑音樂

大會特載 青年團官委會

大會的意義

我們忠勇的將士們，三年來在三民主義的照臨和本團團長的領導之下，已經盡到了人類最光榮的擁護和平保衛　祖國神聖的任務，已經把毀滅世界文明的惡魔日本軍閥打得筋疲力竭！使我國的抗建大業穩牢地踏入這勝利的年頭，這不獨是堅苦卓絕，而且勞苦功高！因此我們的團員同志才特別在這嚴冬將臨後方安靜的期間來舉開這個徵衣冬賑音樂大會，其目的有三：第一是響應前方的寒衣徵募運動，第二是發動後方的冬賑運動，第三是倡導高尚音樂的欣賞，一方面固然是用以表示每個團員對前方將士的微薄的敬意；但最大的意義是要在精神上鼓舞着每個後方的同胞，在安靜當中，要有正當的娛樂，要懷念：「誰給我們安樂的保障？」「誰給我們自由的享受？」同時預祝着我們忠勇的將士們發揮更大的威力，在這勝利年中，爭取更大的勝利！我們的書記說：「……華西徵衣冬賑音樂大會當中的節枝

图19　华西坝『五大学』学生积极参加抗日救亡运动

学校长。

在抗战时期和战后，国内外许多知名的教授，如语言学家吕叔湘，历史学家徐中舒、蒙文通、顾颉刚、钱穆、任乃强、缪钺，诗人林山腴、许寿裳，语言学家闻宥，国画大师石鲁，音乐家郎毓秀，社会学家李安宅，会计界鼻祖谢霖甫、彭昌国，世界和平战士文幼章，作家韩素音，天文学家李珩等都曾在此执教。其中，有相当一批学者在国立四川大学和华西协合大学同执教鞭。在华西协合大学学生中，有中华全国工商业联合会副主席、全国政协副主席孙孚凌和中国工程院院士、内科学专家翁心植等著名校友。

四、焕然前行（1950—1993年）

（一）院系调整前的四川大学

中华人民共和国成立后，四川大学的历史从此揭开了崭新的一页。解放初期，四川大学深入进行爱国运动，支援土地改革，开展新民主主义教育，大批师生响应党的号召下乡参加土改和征粮剿匪。在抗美援朝战争中，四川大学外语系学生林学逋等光荣牺牲。

（二）院系调整前的华西大学

1949年成都和平解放后，人民政府对华西协合大学实行军管监督。1951年10月6日，华西协合大学正式由人民政府收回教育主权，接办私立华西协合大学并改名华西大学。动物学家刘承钊教授为校长。接办后的华西大学仍然是一所综合性大学，设有文、理、医、牙4个学院，在校学生1326名。华西大学6名学生被选入西南代表队，参加了1951年第一届全国运动会，是全国各大学参加人数最多的。华西大学女生李自初赛跑成绩突出，被选拔出国参加世界青年运动会和世界青年联欢节。

成都刚解放时，华西协合大学李安宅教授、蓝天鹤教授就遵照贺龙的指示，带领一批学生随军进西藏。1950年6月朝鲜战争爆发，华西协合大学一大批远在加拿大、英国和美国，留学和应聘去讲学的教师千方百计返回祖国参加新中国的建设。华西协合大学医科学生詹振声、刘开政、高立村等首批12名学生毅然投笔从戎，奔赴战场，1952年12月，詹振声同学在战场不幸中弹牺牲，以身殉国。1951年和1953年，华西大学先后派出两个医疗队，与当时在重庆的西南卫生部组织的手术队一起，直接开赴前线

图20　归国学子1950年在克利夫兰总统号客轮上合影（《人民画报》1980年第10期），其中有许多是华西学子

救治伤员，培训部队医务人员。医疗防疫服务队第一批为“赴朝矫形手术队”，宋儒耀任队长，邓显昭任副队长，队员有王翰章、曹振家等。第二批由校友谢锡瑹任队长，杨振华、敬以庄等参加。

（三）四川化学工业学院

1952年，根据“以培养工业建设人才和师资为重点，发展专门学院，整顿和加强综合性大学”的方针，教育部正式开始全国高等院校院系调整工作。西南军政委员会决定：“1952年学年度开始，在泸州川南工业专科学校及川南行署原址设立化学工业性质的高等院校一所，定名为四川化学工业学院。”1952年11月17日，四川化学工业学院正式成立，郑方任副院长和院党总支书记。

作为在我国西南地区新建的一所高等工科专门学院，四川化学工业学院由原四川大学、重庆大学、西南工专、川南工专、乐山技专、西昌技专、川北大学、西南农学院的化工系科和华西大学的制革组合并组建。学院有机械工程、电机工程、土木工程、水利工程4个系，5个本科专业和1个专科。在四川化工学院建院前，各调入学校都已开始学习苏联教学经验。建院后，从专业和教研组的设置，专业教学计划的制订，课程开设及教学大纲和教学日历的制定，到教学法研究的开展，习题课、实验、生产实习、课程作业与设计、毕业实习及设计答辩的组织和指导，等等，以学习苏联先进教学经验为主要内容的教学改革全面展开。

（四）院系调整中的四川大学和华西大学

在1952年至1956年的院系调整中，为适应国家建设和高等教育体制改革的需要，四川大学和华西大学进行了相应的专业和人员的调整，相当一部分学科得到进一步加强。调出的大批师生支援新建院校，为全省乃至全国高等教育的发展作出了重要贡献。经过这一调整，四川大学从过去包括文、理、法、工、农、师范等多学科的综合大学调整为文理科综合大学，华西大学由综合性大学调整为新型的多专业医药院校。根据政务院1953年10月11日《关于修订高等学校领导关系的决定》，四川大学成为北京的几所高校之外唯一的一所由教育部直接管理的综合大学。

1. 四川大学

1950年10月开始，四川大学开始校内专业调整，先后设立森林、教育、数学、土木水利、农业5个专修科。1951年9月，云南大学航空系、西南工专航空科调入四川大学。1952年9月，四川大学航空系教师24人、学生159人，连同4架教学用飞机在内的主要仪器设备，与清华大学航空学院、北京工业学院航空系共同组建了北京航空学院（今天的北京航空航天大学），开全国院系调整的先声。

1952年，全国高等院校调整正式开始。四川大学原有的文、理、法、工、农、师范六大学院的设置被撤销，接收了其他院校的一些系科，也调出一些系科。其中，华西大学的中文、历史、数学、物理、化学等系和重庆大学的数学、物理、化学、中文、外文等系调入四川大学。四川大学的园艺、植物病虫害、蚕桑、农业化学、农业经济系调往西南农学院。法学院的法律系、政治系调往西南人民革命大学，以之为基础扩建为西南政法学院。化学工程系和农业化学系农产品制造专业与重庆大学、川南工业专科学校等的相应专业组建了四川化工学院。土木系铁路建筑专业调往中南土木建筑学院，农业经济系大部分调往西南农学院，小部分调往北京农学院、东北农学院。地学系地质组调往重庆大学，地理组、气象组大部分调往南京大学，小部分调往西南师范学院和山东大学。1954年，工学院独立建为成都工学院，后来又与四川化工学院合并，沿用成都工学院校名。农学院调往雅安，于1955年8月经高教部批准，成立四川农学院（今四川农业大学，其中森林系后又独立建校为四川林学院并于1971年停办）。教育系调往重庆，并以之为基础之一成立了西南师范学院。1952年，经高教部指示，学校附中、附小移交地方教育部门管理，分别改名为成都十二中和望江楼小学。

在院系调整中，一批在国内有重要影响的专家学者被派往其他兄弟高校，有力地支持了各个高校的建设和发展。例如，土壤学家侯光炯院士，1945—1952年任四川大学农化系教授，院系调整后到西南农学院工作。他在土壤肥力和土壤地理研究方面发现“光肥平衡”日周期变化规律，为科学利用我国耕地作出了重大贡献。1955年，他当选为中科院生物学部学部委员。水稻专家杨开渠，1936—1956年任四川大学教授兼农艺系主任，1956—1962年任四川农学院院长，中国作物学会第一副理事长，为我国高等农业教育和水稻科学研究以及四川农业大学的建设和发展作出了杰出贡献。作物遗传育种学家杨允奎，1935—1937年和1941—1952年任四川大学农艺系教授，后任四川省农业厅厅长兼四川省农业科学院院长，四川农学院院长。红学专家周汝昌，1952—1954年先后在成都华西大学、四川大学外文系任教。

在四川大学，一批有着较高学术声望的专家学者成为教学和科研的骨干力量。例如，生物学家、教育家、翻译家、政论家、社会活动家和诗人周太玄，1952年任四川大学校务委员会主任委员。经济学家彭迪先，在本校附中与前国家主席杨尚昆同班，历任成华大学校长、四川大学校长和四川省副省长等职。数学家、教育家和社会活动家、中国科学院资深院士、九三学社中央名誉副主席、四川大学校长、名誉校长柯召，被称为中国近代数论的创始人、二次型研究的开拓者和“一代数学宗师”。历史学家蒙文通，被誉为真正做到了“儒、释、道”三通。历史学家、古文字学家徐中舒，在先秦史、古文字学、考古学、地方史、民族学等方面都有很高造诣。植物分类学家方文培，曾任中国植物学会名誉理事长、荷兰皇家学会会员、英国皇家学会会员。历史学家缪钺，在四川大学授业五十余年。由中国科学院数理化学部编审的《十年来的中国科学：数学1949—1959》一书的积分方程论部分，系统列出了十年间中国学者18篇有价值的研究论文，其中四川大学张鼎铭的论文就收录了12篇。文学批评史家杨明照的《文心雕龙校注》堪称“自民国以来一直到战后《文心雕龙》研究的名著”，他也被誉为“龙学泰斗”。

在此期间，四川大学在科学、技术和管理等方面培养了许多优秀的人才。例如，化学家高世扬，1953年毕业于四川大学化学系，1997年当选为中国科学院院士。鱼类生物学家曹文宣，1955年7月毕业于四川大学生物系动物专业，1997年当选为中国科学院院士。在院系调整中，作物遗传育种专家周开达院士、玉米遗传育种学专家荣廷昭院士、自然地理与地貌学专家李吉均院士随着专业调整从四川大学到其他学校继续学习。

2. 华西大学

1951年人民政府接办后，华西大学即调出一批教师。天文数学家李晓舫调任上海天文台台长，其夫人罗玉君去华东师范大学任教授。人类学家颜訚调中国科学院工作。何文俊、管相桓调西南农学院，分别任副院长和教务长。1952年下半年的院系调整中，学校先后有70多名教师调整到其他院校。例如，张孝礼、蒋良玉教授等调整到西南师范学院。蒙文通、蒙思明、缪钺、蒲保民、冯汉骥、赵卫邦、甄尚灵等教授调整到四川大学。罗忠恕、刘之介等教授调整到四川师范学院。化学系制革专家张铨教授调整到四川化学工业学院。杨佑之教授、文宝瑛副教授随经济系调整到四川财经学院。著名歌唱家郎毓秀教授调整到四川省艺专（今四川音乐学院）任声乐系主任。闻宥教授调整到北京中央民族学院。何伟发教授调整到中国科学院四川分院。陈禹平教授调整到四川农科所。宋儒耀、王巧璋教授调整到北京整形医院。何光篪、张明俊、彭子富教授调整到西南军医学院（今重庆第三军医大学）。

图21　20世纪50年代院系调整中，四川大学和华西大学师生奔赴外地

同时，重庆大学医学院的绝大部分师生，包括曾任中华医学会副会长，被誉为“中国公共卫生之父”的陈志潜等调整到华西大学，黄克维教授任学校副教务长。1953年10月6日，卫生部决定，将华西大学更名为四川医学院。1955年，山东医学院和浙江医学院的

药学系和卫生系部分师生调整到四川医学院。三校调入学校的教师合计62人，为原华西大学医药卫生方面专业教师总数的一半。

（五）成都工学院

1953年7月，高等教育部全国高等工业学校行政会议明确提出：以办好高等工科院校及大学理科为重点，以继续进行院系调整、大量培养师资、稳步进行教学改革为工作重心，以提高教育质量为中心任务。同时，会议决定：四川大学工学院和四川化学工业学院于1954年暑期合并建立四川工学院。

同年12月初，西南高教局决定成立四川工学院建院筹备委员会，由四川大学校长彭迪先任主任委员，四川化学工业学院副院长郑方、四川大学党总支书记谢文炳任副主任委员。12月11日，建院筹委会成立并举行第一次会议，将院址选定在四川大学以西、工农速成中学以南的新桂乡地区。会议认为："该地区位于四川大学与四川医学院、四川音专及正在修建中的西南民族学院之间，适在成都市城市建设计划的文化区中心地带，交通便利，便于各校间的交流，并经勘测证明，地质、水文及环境条件等均宜建筑。"

1954年，学校开始了繁重、紧张的基建工作。8月12日，西南高教局转发中央人民政府高等教育部通知："今年暑假全国高等学校院系调整方案业经政务院批准，你区四川大学工学院独立建校，并将重庆建筑工程学院汽车公路与城市道路专业并入，成为多科性工学院，定名'成都工学院'。"

1954年8月27日，成都工学院举行了隆重的建校典礼。成都工学院成立时，除独立前已有的机械、电机、土木、水利4个系的5个本科专业外，在河川结构及水电站水工建筑专业内分设了水能利用和水工结构两个专业，设有水利技术建筑专修科，在校学生共1273人。全院设有20个教研组，有教师155人（教授24人，副教授16人，讲师34人，助教81人），党政干部125人，工人85人。

1954年12月31日，高教部转发国务院函："批准四川化工学院于1955年迁至成都与成都工学院合并。现决定两校合并后，学校名称仍为'成都工学院'，学校的最大发展规模为10000人。专业设置仍维持两院原有专业不变。"

1955年5月21日，高教部决定：因基建关系，四川化工学院各专业二、三、四年级学生和教职员留在泸州一年，暂作为成都工学院分校，当年暑假后一年级新生进入成都工学院本校。同时，1956年糖品物工学及植物纤维造纸工学两专业调整至华南工学院，其余专业全部迁至成都。

为保证在1955年暑假完成合并工作，以四川化工学院为主，组织了迁校委员会，负责办理迁校工作；以成都工学院为主，组织了接收委员会，负责办理人员接待及物资接收工作。在全体师生职工的积极配合下，搬迁工作于1955年8月中旬顺利完成。1955年8月27日，成都工学院和四川化工学院举行了隆重的合校庆典。合校后，学院有机械、电机、土木、水利、化工5个系，机械制造工程、发电厂配电网及输电系统、公路与城市道路、道路桥梁与隧道、河川结构与水电站水工建筑、无机物工学、塑料

图22　20世纪50年代成都工学院一大

工学、皮革毛皮与鞣皮剂工学、化学生产机械及装备9个本科专业，以及当年尚未调出的糖品物工学及植物纤维造纸工学2个本科专业和1个水利技术建筑专科专业。1955—1956学年开学后，包括泸州分校在内，有在校学生2458人（本科生2387人，专科生71人），教职工720人（教授48人，副教授26人，讲师71人，助教151人，教辅90人，职员216人，工勤118人）。经中央批准，许琦之和郑方担任成都工学院副院长。

（六）改革开放前的四川大学、成都工学院和四川医学院

1955年，高教部提出高等教育工作“首应以提高教育质量，切实贯

彻全面发展的教育方针为中心任务”。1956年，党中央和毛主席发出了“向科学进军”的号召。四川大学、成都工学院和四川医学院根据各自的特点，积极向苏联学习，开展教学改革，提高教育质量，贯彻党的教育方针。

1961年开始，学校贯彻“调整、巩固、充实、提高”的八字方针和“高教60条”，教学秩序基本稳定，在稳步发展中探索社会主义大学教育。1960年，四川大学被确定为四川地区首批全国重点大学。

在“文化大革命”的十年浩劫中，学校遭受了惨重的损失。在停止招生多年之后，1972年前后，三个学校开始恢复比较正常的教学科研工作，在曲折中缓慢前进。1976年10月，“四人帮”反革命集团被粉碎后，经过拨乱反正，学校工作重心开始全面转移。

（七）改革开放中的四川大学、成都科技大学和华西医科大学

改革开放为学校带来了新的发展契机。党的十一届三中全会以来，四川大学、成都科技大学和华西医科大学努力适应经济、科技和社会发展的需要，始终坚持党的基本路线，全面贯彻党的教育方针，按照邓小平同志提出的教育要“面向现代化，面向世界，面向未来”的要求，努力探索建设有中国特色的社会主义大学的新路子，进入了新的发展时期。

1. 四川大学

改革开放中，四川大学改革传统基础学科，新建国家急需的应用学科、技术学科和新兴学科，扩大夜大学和函授部，加强研究生教育，建立了多层次、多规格的人才培养体系，成为包括人文科学、社会科学、管理

科学、自然科学、技术科学的多科性综合大学。

1977年，国家恢复高考制度，四川大学当年录取新生917人。1978年，四川大学恢复了研究生的招生和教育培养工作。1981年，四川大学成为第一批获得博士学位和硕士学位授予权的学校，同时还被批准为对香港地区招收研究生的院校之一。1983年后，学校设立了数学研究所、激光物理与激光化学研究所、化学研究所、材料科学技术研究所、生物工程研究所、食品与发酵工程研究所、历史研究所、汉语言文学研究所、南亚研究所、人口研究所、古籍整理研究所和宗教研究所等研究机构。

截至1993年，学校共有6个学院，中文、历史、外文、哲学、新闻、档案、图书情报学、法律、经济、国民经济管理、对外经济贸易、工商管理、数学、物理、化学、生物、生物工程、无线电、计算机、材料、电气工程、光电等22个系，数学研究所、激光物理与激光化学研究所、化学研究所、材料科学技术研究所、生物工程研究所、食品与发酵工程研究所、历史研究所、汉语言文学研究所、南亚研究所、人口研究所、古籍整理研究所和宗教研究所等20个研究所，20个教学和研究中心，44个本科专业，158个学科专业方向，65个硕士学位授权点，宗教学、政治经济学、中国古典文献学、中国文学批评史、汉语史、中国古代史、考古学、中国地方史、数学、应用数学、光学、辐射技术及应用、有机化学、物理化学、植物学、遗传学等16个博士学位学科专业授权点，数学1个博士后流动站，汉语史1个国家级重点学科，草原鼠虫病害生物防治工程1个国家专业实验室，中文、历史、数学、生物4个国家级基础学科。全校有教职工3633人，其中博士生指导教师39人，教授164人，副教授723人，外籍教师11

人；各类学生13710人，其中全日制在校生8768人（包括硕士生和博士生818人，外国留学生112人）。

1989—1993年，学校获省以上教学优秀成果奖34项，其中国家级特等奖和一等奖5项，省级一等奖8项、二等奖21项。1993年，学校科研经费达到2300万元。在人文社会科学研究方面，学校注意中外文化遗产的继承和发展，重视现代化建设中的理论和实践问题研究，形成了具有西南地方特色的政治、经济、思想、文化、宗教、民族、人口等方面实力雄厚的研究队伍，完成了许多国家级大型文化建设项目，如收录汉字最多最全的《汉语大字典》，堪称世界第一部的《甲骨文字典》，国内规模最宏大的断代文章总集《全宋文》等。古典文论、汉语史、古文字学、先秦史、魏晋南北朝史、西南考古和民族学、道教等方面的研究，均在国内独树一帜。1979—1993年，有1838部专著出版，10325篇论文发表。在历届四川省哲学社会科学优秀成果奖中，获荣誉奖14项，一等奖10项，二等奖45项，获奖数量、级别均执全省牛耳。在自然科学研究方面，学校强调传统的数学、化学、物理、生物学基础研究与新兴的电子信息、材料科学、生物工程等高技术研究相结合，大力配合经济建设和"富民兴川"。1978—1993年鉴定成果550多项，出版专著148部，发表论文5480篇，在不分明拓扑学、大范围微分几何、量子化学、植物分类学、原子与分子物理学、材料科学、计算机科学和生物技术等方面，取得了堪称国内一流的成果。被国外权威的SCI、EI、ISTP三大检索系统引用数居国内高校前15位。在科研成果中，获国家级一等奖2项，二等奖3项，三等奖7项，四等奖4项；部、省级一等奖11项，二等奖45项。

2. 成都科技大学

1978年10月23日，成都工学院更名成都科技大学，由中国科学院领导并确定为全国重点大学。1980年，成都科技大学成为教育部直属全国重点大学。

改革开放后，成都科技大学积极探索与中央部委、省市政府、科研院所联合办学的途径，形成了颇具特色的办学优势。1985年以后，经教育部批准，学校相继与水利电力部、纺织工业部、轻工业部、四川省建委和成都市政府等实行联合办学，分别建立了水利电力学院、纺织工学院、轻工学院和城建学院。学校还与中国石化总公司、中国工程物理研究院实行联合办所，建立了高分子材料工程研究所、高温高压物理研究所。由于各联合办学、办所的单位投入大量经费和仪器设备，学校教学、科研、生活条件得到进一步改善，学校综合实力与整体水平得到提高。

在1986—1990年的“七五”期间，全校科研经费总计达到5300万元，比“六五”同期增长2.67倍。1993年，全校科研经费增长至4417万元。在1985—1993年间，学校经上级组织鉴定的科研成果共407项，一批成果被鉴定为具有国际先进水平、国内首创或国内先进水平，有262项获得国家、部委和省市奖励。在此期间，已授权的专利有85项，出版的专著有168部。在1993年完成的724篇科技论文中，有42篇在国外期刊、235篇在全国性期刊上发表，有78篇在国际学术会议、136篇在全国性学术会议上交流，被收录进SCI、EI、ISTP三大检索系统的有59篇。

到1993年年底，全校有5个学院、22个系、49个科研所（室）、120个教研室和114个实验室（中心），其中包括3个国家重点实验室。1988

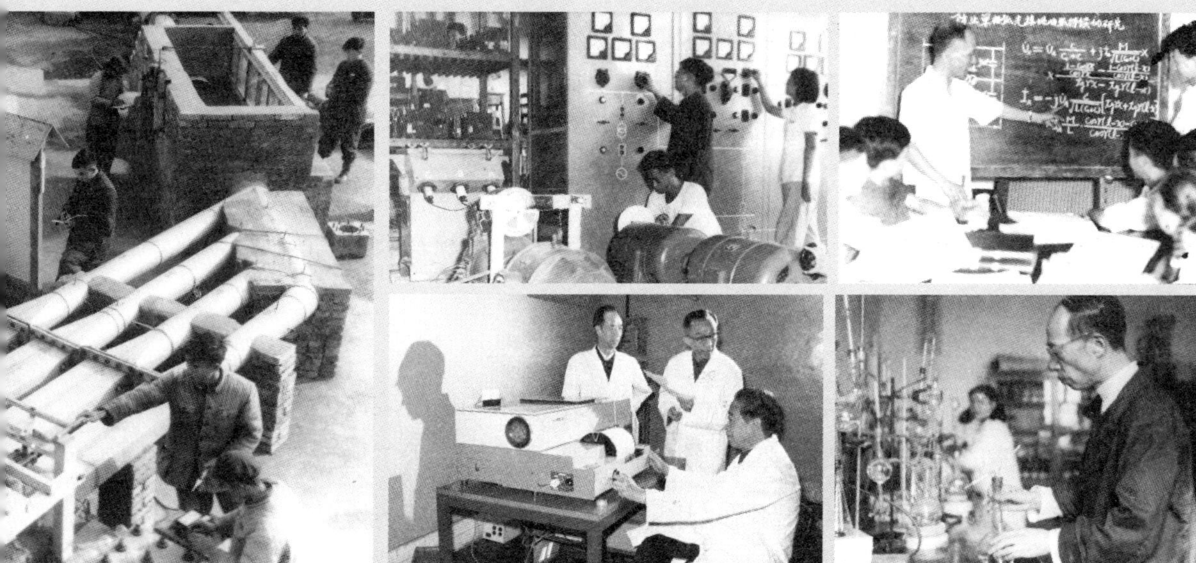

图23　20世纪中后期成都科技大学师生积极开展科学研究

年建设的高速水力学国家重点实验室是学校第一个国家重点实验室，从事高速水流、河流工程及都市水力学、环境水力学和流体测量技术的研究。1989年建设的高分子材料工程国家重点实验室主要从事高性能、多功能高分子材料的研制和开发，以及高分子材料加工基础理论、油田高分子材料和输送石油天然气的管材和管件、高分子材料在高新技术领域和工程结构材料领域的应用等方面的研究工作。1989年建设的皮革工程国家专业实验室主要从事制革化学、制革化学品、制革化学工艺和制革机械等方面的研究工作。

在学科建设和人才培养上，截至1993年，成都科技大学已有高分子材料、水力学、原子分子物理、皮革化学与工程4个国家重点学科，高分子材料成型加工1个轻工部属的重点学科，化学纤维、岩土工程、生物力学3个四川省属的重点学科；高分子材料、土木水利和轻工3个博士后流动站；29名博士生导师和15个学科专业的博士学位授权点，38个学科专业的硕士学位授权点，64个本科专业（方向），32个成人教育专业（方向）。在校生共13442人。近40年来，学校为国家输送的本科、专科及硕士、博士毕业生36000余名。

3. 华西医科大学

在改革开放的大好环境中，随着工作重点的转移，四川医学院各项工作全面提升。1978年，学校确定为卫生部直属全国重点大学。为了加强国际、校际交流与合作，经卫生部批准，四川医学院于1985年5月14日更名为华西医科大学。1988年，学校开始试办临床医学、口腔医学七年制教育。1978年2月学校被确定为全国重点大学，4月重新实行了卫生部和四川省双重领导、以部领导为主的领导体制。

1977年全国恢复统一招生后，四川医学院每年招生440～630人，学制为四年或五年。从1981年起，医学、口腔、卫生三个专业的学制改为六年，药学、化学制药专业的学制改为五年。1982年卫生检验专业的学制改为五年。1979年招收四年制英语师资班。1980年招收英语医学班。1978年，内科学、外科学、妇产科学、儿科学、眼科学、耳鼻喉科学、皮肤病学、病理学、放射科学、神经病学、精神病学、核医学、医学遗传学、传染病学成为硕士研究生培养点，首届招生36名。1984年建立传染病学、外科学、眼科学、病理学4个博士研究生培养点，同年招收博士研究生6名。附属医院逐步发展成为全国医学院校附属医院中规模最大的综合医院，

1984年编制床位1155张，职工2177人。

1996年6月，卫生部和四川省政府签署共同建设华西医科大学的协议，将学校列为卫生部三所“211工程”建设的医科大学之一。1998年，临床医学和口腔医学专业被卫生部列为全国首批七年制教育专业。1998年，学校与成都中医药大学实行联合办学，共同培养七年制高层次中西医药结合人才。1999年11月16日，学校“211工程”建设项目获国家计委批准正式立项。

2000年，全校有正高职称人员287名，副高职称628名，中级职称1611名，初级职称1313名，实验员、护士等专业技术人员223名，合计4062名。学校下属7个学院（基础医学院、口腔医学院、第一临床医学院及其下属的护理学院、公共卫生学院、药学院、成人教育学院和法医学院），2个学系（外语系、妇幼卫生系），2个学部（人文社会科学部、体育部）；设有图书馆、医学教育研究所、学报编辑部、校报编辑部、视听教育中心、信息网络中心、计算中心和实验动物中心等；还设有3个教育培训中心（卫生管理干部培训中心、药事管理培训中心、继续医学教育发展和培训中心），3个研究中心（中国出生缺陷监测中心、围产医学研究中心、卫生部口腔种植科技中心），中国医科院华西分院，12个研究所和27个研究室；有4所附属医院和1家制药厂。

截至2000年，学校本科专业从1978年的6个逐步增加至12个，即临床医学、口腔医学、预防医学、卫生检验、法医学、护理学、医学检验、药学、药物化学、临床药学、妇幼卫生、科技英语。全校共有博士后流动站7个，博士、硕士学位授权一级学科4个，博士学位授权点30个，硕士学位授权点40个。学校有博士生导师134名，硕士生导师350余名。1985—2000年，研究生年招生数从150名增至500名，在校生数从500名增至1246名。

从华西协合大学到华西医科大学，建校90年来，学校共培养各专业毕业生35884名。其中，新中国成立前为2264名，新中国成立后为33620名；研究生2829名，本专科生33055名。1985年以来，学校获得纵向科研课题近2000项，经费6000万元。学校得到较多国际基金会的资助，其中美国中华医学基金会（China Medical Board，CMB）的资助最大，总共达到1000余万美元，用于科研的经费达100万美元。1979年以来，学校共获得科研成果479项次，其中省级以上295项次。学校4所附属医院是西南地区临床医学教育、临床医学科研和医疗预防保健服务的中心。

五、世纪腾飞（1994年至今）

（一）第一次并校改革

1994年3月16日，国家教委、四川省政府正式决定四川大学、成都科技大学合并组建四川联合大学（四川大学、成都科技大学），由国家教委、四川省、成都市共建，开中国高等学校强强合并的先河。江泽民同志为学校题词：“努力把四川联大办成社会主义新型综合大学。”四川联合大学（四川大学、成都科技大学）党委书记饶用虞，校长陈君楷。

四川联合大学（四川大学、成都科技大学）校董会于1995年4月18日成立，标志着学校与政府部门、企业界联合办学以及学校在深化改革方面进入新阶段。1996年4月18日至19日，学校顺利通过国家教委组织的“211工程”部门预审，先期进入“211工程”重点建设。1997年校领导班子调整，卢铁城教授任党委书记兼校长。1998年12月，四川联合大学更名为四川大学。李岚清指出：“四川大学是我国高教改革最早的大学，为高校改革做出了历史性贡献，可以说是高校体制改革的先锋。”

（二）第二次并校改革

2000年9月29日，经教育部和四川省人民政府报国务院批准，原四川大学与原华西医科大学再次实现了强强合并，定名为四川大学，成为中国第二次高等教育体制改革的重头戏。卢铁城教授任党委书记兼校长。

2001年9月29日，教育部与四川省人民政府签署第二次部省共建协议，标志着四川大学正式进入以“创建若干所具有世界先进水平的一流大学和一批一流学科”为目标的国家985工程。

图24　1994年和2000年四川大学、成都科技大学和华西医科大学合并组建四川大学

四川大学江安校区于2002年正式开工建设，并于2003年秋季入住第一批新生。江安校区位于成都市双流航空港经济开发区，校区总占地3400亩。江安校区是环境生态化、景观园林化、校园信息化的新型大学校园。

2003年，中国工程院院士谢和平担任四川大学校长。2004年，杨泉明教授担任四川大学党委书记。

（三）今日四川大学

在人文社会科学领域，四川大学在文学、史学、宗教学等方面具有明显优势。在自然科学领域，四川大学在数学、生物学、物理学、计算机科学等方面具有明显优势。在工程技术领域，四川大学在材料、化工、水电、机械、轻纺等方面具有明显优势。在医学领域，四川大学在口腔医学、生物医学、基础医学和临床医学等方面具有明显优势。

今日的四川大学汇聚了文理工医的杰出英才和优质资源，取得了人才培养更具特色、学科建设势头强劲、科学研究优势互补、师资力量更加突出、资源配置日趋优化和对外交流日益扩大的跨越式发展效益。四川大学坚持教育教学改革创新，文理工医全面协调发展，综合办学实力持续增强，各项发展事业不断推进。四川大学确立了“海纳百川，有容乃大”的校训和“严谨勤奋，求是创新”的学风，坚持“以人为本，崇尚学术，追求卓越”的办学理念，实行“以院系为管理重心，以教师为办学主体，以学生为育人中心”的管理机制，努力培养“具有深厚人文底蕴、扎实专业知识、强烈创新意识、宽广国际视野的国家栋梁和社会精英”，形成了“本科生教育为基础，研究生培养和科学研究为重点，其他办学形式为补充”的办学格局。

截止2014年，四川大学设有31个学科型学院，学科覆盖文、理、工、医、经、管、法、史、哲、农、教、艺等12个门类。有博士学位授权一级学科44个，博士学位授权点349个，硕士学位授权点443个，专业学位授权点32个，本科专业133个，博士后流动站37个，国家重点学科46个，国家重点培育学科4个，是国家首批工程博士培养单位。学校现有13个国家重点实验室、国家工程实验室、国家工程技术研究中心及国家地方联合工程实验室等国家级研究基地，11个教育部重点实验室和6个教育部工程研究中心，3个卫生部重点实验室；有9个国家人才培养和科学研究及工科基础课程教学基地，8个国家级实验教学示范中心，19个国家级工程实践教育中心，1个国家级虚拟仿真实验教学中心，1个国家级教师教学发展示范中心，1个国家大学生文化素质教育基地，9个国家级大学生校外实践教育基地，4个教育部人文社会科学重点研究基地，2个国家药物临床实验机构，1个国家药品临床研究基地。目前在校本科以上全日制普通学生6万余人，其中普通本科生4万余人，硕博士研究生2万余人，外国留学生及港澳台学生2500余人。学校现有专任教师5049人，具有正高级职称的1493人，中国科学院和中国工程院院士14人，“杰出教授”6人，国家“千人计划”入选者61人，“长江学者奖励计划”特聘教授38人和讲座教授13人，国家自然科学“杰出青年基金”获得者43人，“973”首席科学家9人、牵头“973”重大基础研究项目12项，国家社科基金重大招标（委托）项目获得者23人（25项），国家教学名师奖获得者12人，四川省“千人计划”入选者63人。目前，学校已与32个国家和地区的216所大学和研

美术馆
ART GALLERY

图25　四川大学校园文化建设成果“四馆一廊”（校史展览馆、博物馆、自然博物馆、美术馆、历史文化长廊）

究机构建立了交流合作关系。与美国、加拿大、欧洲、澳大利亚、港澳台等30个国家和地区的209所国际知名大学构建了全方位、多层次、多形式的学生联合培养体系。与韩国、美国的4所大学合作共建了4所孔子学院。与香港理工大学共同组建了四川大学-香港理工大学灾后重建与管理学院，与美国匹兹堡大学新建了四川大学-匹兹堡学院。近年来，四川大学坚持以科学发展统一认识，以科学发展谋划未来，以科学发展凝聚人心，以科学发展统揽大局，已经成为中国高校学科齐全，办学规模、质量、效益最好的大学之一。在2008年“5・12”四川汶川特大地震后，四川大学师生以达观的精神风貌、坚强的意志品质、崇高的理想信念和科学的应对方略，切实发挥自身的学科、人才和资源优势，全力、全面、全程参与抗震救灾、灾后防疫和灾后重建工作。其间，胡锦涛同志亲切接见了四川大学赴地震灾区医疗队，吴邦国、温家宝等党和国家领导人先后到四川大学视察、慰问。

在新的历史时期，四川大学确立了建设中国一流研究型综合大学的奋斗目标。到2020年，学校核心指标的师均量将进入全国高校前列，成为国内一流、国际知名的高水平研究型综合大学。学校力争到建国100周年跻身于世界一流大学行列。作为国家布局在中国西部的高水平大学，四川大学正在成为社会发展建设的人才库、科学研究活动的集团军、技术开发应用的突击队、重大建设工程的参谋部、区域经济发展的智囊团、医疗卫生服务的国家队、时代先进文化的孵化器，在建设高等教育强国和人力资源强国的伟大实践中，为实现中华民族伟大复兴的“中国梦”和建设中国一流研究型综合大学的“川大梦”而努力奋斗。

第二部分　川大人物

贤才俊彦，灿若星辰；

高山景行，泽被后昆。

四川大学历来为蜀中人文荟萃之地，是“西部最高文化之根芽”，许多名师大家在这里躬耕教坛，勤学探研，培养了一大批国家栋梁和社会骨干，创造了一大批优秀的人文和科技成果。2001年四川文化界推选的古今100位“四川文化名人”的近现代45人中，有29人为四川大学校友；两院院士中有50余人为四川大学校友。无产阶级教育家吴玉章和人民教育家张澜以及胡峻、毕启、张凌高、任鸿隽、张颐、黄季陆、刘承钊和柯召等著名科学家和社会活动家曾经执掌四川大学校务。共和国元帅朱德、国家主席杨尚昆、文坛巨匠郭沫若、人民作家巴金等是四川大学杰出校友的代表。

一、治校名家

在四川大学的发展历史上，涌现了一大批杰出的教育家，如张之洞、鹿传霖、何维棣、胡峻、吴玉章、张澜、任鸿隽、毕启、张凌高、刘承钊、彭迪先、许琦之、柯召等。他们宏博精深的教育思想，例如1903—1909年任四川省城高等学堂第一任总理的胡峻的素质教育思想，1922—1924年国立成都高等师范学校校长吴玉章的开放办学思想，1926—1930年国立成都大学校长张澜的精英教育思想，1935—1937年国立四川大学校长任鸿隽的现代化办学思想，1910年主持并创办华西协合大学的毕启的实业教育思想，1931年成为华西协合大学首任华人校长的张凌高的实践教育思想，1943—1949年国立四川大学校长黄季陆的大众化教育思想等，成为四川大学优秀的办学传统的重要组成部分。

（1）鹿传霖（1836—1910）

河北定兴人。四川中西学堂，即四川大学创办人。同治元年（1862年）考中进士，选为庶吉士。历任桂林知府、福建按察使、四川布政使、四川总督、广东巡抚、河南巡抚、江苏巡抚、两江总督、两广总督和军机大臣等职。他也是四川大学历史源头之一的尊经书院创办人张之洞的姐夫，曾经题赠为官十六字箴言："启沃君心，恪守臣节，力行新政，不背旧章。"光绪二十二年（1896年），时任四川总督的鹿传霖创办四川中西学堂，即今日四川大学的肇始。他赞同停书院、办学堂、颁学制、停科举、设学部等教育改革，倡导学习"西文西艺"，"分课华文、西文、算学"。作为四川古代和近代高等教育的结合点，四川中西学堂拉开了四川大学历史发展的序幕。其身体力行的富国兴学的精神，是四川大学优秀的办学传统的重要组成部分，更是一笔永恒的精神财富。

图26　四川中西学堂创办人、四川总督鹿传霖

（2）张之洞（1837—1909）

河北南皮人。四川大学前身尊经书院创办人。与曾国藩、李鸿章、左宗棠并称晚清"四大名臣"。1863年，他中探花，授翰林院编修。1875年，他在四川学政任上，创办四川大学历史源头之一的尊经书院，以"通经致用"为主张，拟增设"声、光、电、化、格致、文学"，领传统教育转型

图27-1　成都尊经书院创办人张之洞

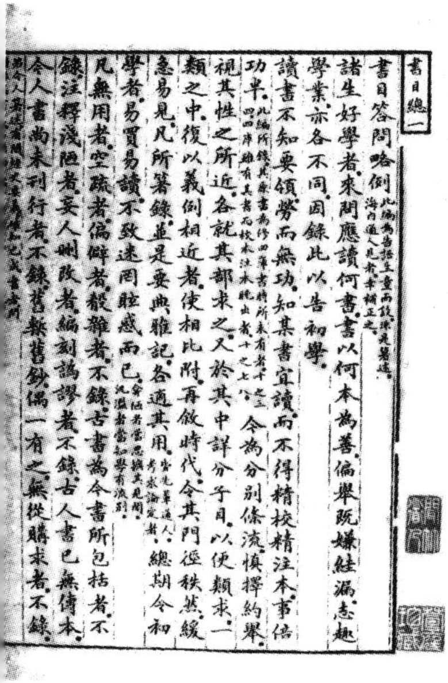
書目總一
書目答問略例
諸生好學者來問應讀何書書以何本為善偏舉既嫌絓漏志趣
學業亦各不同因錄此以告初學
讀書不知要領勞而無功知某書宜讀而不得精校精注本事倍
功半
視其性之所近各就其部求之又於其中詳分子目以便類求一
類之中復以義例相近者使相比附再敘時代令其門逕秩然緩
急易見凡所著錄並是要典雅記各適其用
學者易買易讀不致迷罔眩惑而已
凡無用者空疏者偏僻者雜者不錄古書為今書所包括者不
錄注釋淺陋者妄人刪改者編刻譌謬者不錄古人書已無傳本
今人書尚未刊行者不錄舊槧舊鈔偶一有之無從購求者不錄

图27-2　张之洞指导书院学生治学的《书目答问》

之先，明确制定了“操约而施博”的教育方针。他离开四川时，写信给继任四川学政的谭宗浚说：“身虽去蜀，独一尊经书院，惓惓不忘。”他是清末洋务运动的代表人物之一，历任内阁学士、山西巡抚、两广总督、湖广总督、两江总督、军机大臣等职，官至体仁阁大学士。他大力倡导“中学为体，西学为用”，对清末教育和社会发展产生了极大的影响。他曾创办汉阳铁厂、大冶铁矿、湖北枪炮厂等洋务企业，为中国民族重工业、轻工业和近代军事的发展作出了开创性贡献。

（3）何维棣（1856—1913）

湖南道州人。四川大学首任校长。1873年顺天乡试举人，1880年大挑二等，1887年选授长沙县训导，1888年赏加内阁中书衔，1894年赏加五品衔，1896年报捐知县指分四川试用，1896—1897年任四川大学首任校长即首任管理中西学堂委员，1899年直隶州补用，1901年道员指分四川试用，1902年四川候补道。1911年前后，他曾经任《皖政辑要》的总纂，后任四川印刷局总办。他出身于“诗文书画兼工，四代十人盛名”的湖南道州何氏世家，是著名文学家、书画家、教育家何绍基三子何庆涵之三子。光绪初年，他曾经与易实甫、程颂万等人在长沙蜕园组织湘社。

（4）毕启（Joseph Beech，1867—1954）

文学博士、神学博士。华西协合大学创办人。1867年，他出生于英

图28　20世纪初华西协合大学首任校长毕启镜头中的四川乡村

国。1873年，随父母迁居美国。1899年，毕业于美国卫斯理大学。1903年来到四川，先后创建了重庆求精中学、成都华美中学等。1905年，主持筹建今日四川大学的重要组成部分之一的原华西医科大学的前身——华西协合大学，1913—1946年先后担任校长、校务长。1946年返美前夕，循美国杜威博士、哥伦比亚大学校长勃兰克博士的先例，他被授予外国人特殊功绩荣誉奖——红蓝镶绶四等彩玉勋章。1947年，华西协合大学教授、天文学家李晓舫称赞他："不仅努力传播西方文化于东土，也很注意宣扬中国文化于西方。"

（5）胡峻（1869—1909）

四川华阳人。四川通省大学堂和四川省城高等学堂第一任总理和四川学务公所议长，进士出身，翰林院编修，学部二等咨议官，邮传部驻川总理，川汉铁路绅办总理，同盟会会员。他曾作为考察日本学制游历官到日本延聘教师，购买图书、设备。在办学过程中，他贯彻和执行了"仰副国家，造就通才"的教育方针，按照需要在高等学堂创办了半日学堂、测绘学堂、铁路学堂和体育学堂等附属专门学堂。

（6）张澜（1872—1955）

四川南充人。著名的民主革命家和杰出的人民教育家，被誉为"川北的圣人""今日之管仲"和"党的益友"。1902年入四川大学历史源头之一的尊经书院，后留学日本。回国后，他积极投身于教育事业，创办学校，实行新式教育。他是1911年四川保路运动领导者之一，先后任川北宣慰使、嘉陵道尹和四川省省长。1926—1930年，他任四川大学（当时的国立成都大学）校长。他提出“打开夔门，广纳英才，欢迎中外学者来川讲学”，认为人才培养模式应该是学术自由、思想自由、兼容并包，严格要求学生，使其成为国家栋梁、社会骨干。1941年参加发起中国民主政团同盟（后改为中国民主同盟），后任民盟中央主席。他团结主张抗日的各民主党派和各阶层爱国民主人士，在中国共产党的领导下，开展抗日民主运动，为抗日民族统一战线作出了卓越贡献。新中国成立后，他先后担任第一届中央人民政府副主席、全国人大常委会副委员长、全国政协副主席。

（7）吴玉章（1878—1966）

四川荣县人。中国科学院首批学部委员。邓小平曾高度评价他是杰出的无产阶级革命家、教育家、历史学家、语言文字学家。1892年，他就读四川大学历史源头之一的尊经书院，1905年加入同盟会，参加了四川保路运动和护法运动。1922—1924年，他担任四川大学（当时的国立成都高等师范学校）校长，提出“崇尚学术、启用新派”，“推进新思潮的扩展”，“派人出洋研究精深学术”，注重培养学生的实践能力，主张学生全面发展。他还与恽代英、杨闇公等人传播新文化、新思想，组织马克思主义团体，热情介绍和宣传马克思主义，派人深入到工人、农民中做宣传和组织工作。1925年，他加入中国共产党，同年创办北京中法大学四川分校。1927年，他参加了“八一”南昌起义。后来，他先后任鲁迅艺术学院院长、延安大学校长、华北大学校长、中国人民大学校长、国务院文字改革委员会主任、全国教育工会主席等职。

（8）客士伦（C. P. Carscallen，生卒年不详）

加拿大传教士，华西协合大学筹办人之一。从筹备建校之日起，短短几年间，成都城南华西坝完全变成了另一番景象。“我们安居在新家，我们非常地喜欢它，农田里大豆花散发出令人喜爱的芳香。”客士伦夫妇是这里的首批定居者。1909年11月，他在给公谊会转学校托事部审议的报告中指出：“这所大学组建了所有的系科：医学、法律、神学、工程、农业……没有人能说出它将变成什么，也没有人能说出它对中国的影响有多大……在建设这所大学的基础时，我们的才智将得以尽情发挥，而不鲁莽地行事。”1924—1927年，他担任华西协合大学理事会主席。

（9）任鸿隽（1886—1961）

浙江湖州人。化学家、教育家，辛亥革命元老，我国近代科学的奠基人之一。1908年，他东渡日本，考入东京高等工业学校应用化学科，并参加同盟会。1913年，他再度留学美国。1916年，他在康奈尔大学获得学士学位。1918年，他在哥伦比亚大学获得硕士学位。他曾任教育部专门教育司司长、国立北京大学教授、中国科学社社长、中华教育文化基金董事会干事长、中央研究院总干事，是中国科学社和《科学》期刊的创办人之一。1935—1937年，他担任国立四川大学校长，拟订了改建学校的宏伟计划，还厘定课程、延聘教授、整顿学风等，期望经三五年的努力，使学校跻身于全国著名学府之林。1937年6月，他辞去国立四川大学校长职务，

图29　1935—1936年国立四川大学校长任鸿隽（夫妇）和他奠基兴建的“望江三馆”（图书馆、化学馆和数理馆）

仍回中华教育文化基金董事会工作。对于他的辞职，当时的《独立评论》说：“他在川大的两年，真可以说是用全副精力建立了一个簇新的四川大学。”他一生留下大量的科学论文、专著和译著，内容涉及化学、物理、教育、科学思想、科学组织管理和科学技术史等多方面。

（10）王兆荣（1887—1968）

重庆秀山人。早年留学日本时，参加李大钊组织的“民权运动大同盟”。1932—1935年，他任国立四川大学首任校长。1918年毕业于东京帝国大学法科，曾被推为中国留日学生救国团总干事长。先后在国立北平法政大学、安徽省立法政专门学校、上海中国公学担任教务长、校长。抗战胜利后任私立成华大学校长。长国立四川大学后，他立即着手整顿，努力推进学校各方面的发展，在军阀混战的恶劣条件下，为国立四川大学的发展奔走呼号。

（11）张颐（1887—1969）

四川叙永人。哲学家。1908年考入四川大学（当时的四川省城高等学堂）。1911年投入四川保路运动，辛亥革命时曾任蜀军政府炸弹队队长和四川省民政长公署秘书。1913年赴美国密歇根大学，获文学学士、教育硕士和哲学博士学位。1919年入英国牛津大学，是中国第一位牛津大学哲学博士学位获得者。回国后，他本拟应吴玉章之邀任四川大学（当时的国立成都高等师范学校）教务长，后由于吴玉章辞职，他担任北京大学教授和厦门大学教授、文学院院长、副校长。1936年，他任国立四川大学教授、文学院院长。1937年，他任四川大学代理校长，多方争取教育经费，添置图书、设备和教学仪器，收藏和保护四川文物，一时“名流学者荟萃，蔚为大观”。他是中国大学正规讲授康德哲学和黑格尔哲学的第一位学者，是欧美学者眼中的“东方黑格尔”。他明确提出：继续提高学生程度，使之与其他国立大学同等；充实设备，提高研究兴趣，使文化水准和欧美大学同等；更进一步使中国学术能与欧美各国齐头并进。

（12）张凌高（1890—1955）

重庆璧山人。教育家。1919年毕业于华西协合大学，获文学学士学位。次年先后入美国芝加哥西北大学研究院、耶鲁大学研究院深造，1922年获文学硕士学位和哲学博士学位。回国后曾任资中进德女中校长，后又兼任盘石中学英语教师。1926年，“万县惨案”发生后，华西协合大学学生罢课，提出“华大校务，应由华人参加管理”，张凌高经华西协合大学毕业同学会推荐，被华西协合大学理事部聘为副校长，1931年升任华西协合大学校长，成为首任华籍校长。在他任华西协合大学校长期间，学校规模不断扩大，图书馆、教育学院、育德宿舍、女子宿舍、制药厂相继建成，文学院、理学院、医学院陆续成立，学校又增设了农业、染色、制革等专业。同时，《华西协合大学校刊》《华西边疆学会杂志》《华西学报》等刊物也纷纷问世。

（13）黄季陆（1899—1985）

四川叙永人。美国俄亥俄州立大学政治学硕士。少年时，受民主革命思想影响；在成都强国小学读书时，组织四川小学生保路同志会，并被选为会长。1918年赴日本，后转赴美国、加拿大等国留学。曾任四川大学（当时的国立成都大学）教授。1943—1949年，他担任国立四川大学校长，将学校从峨眉迁回望江楼现址，并千方百计扩建校园，不断扩大办学规模。他强调，要把四川大学办成“万人大学”，增设实科学习，培植西南建设人才，不但要使四川大学成为全国最高、最完善的学府，同时还要使四川大学成为世界上有名的学府。

（14）许琦之（1907—1998）

山西永济人。曾任西南高教局副局长，成都工学院院长兼党委书记、党委书记兼副院长，四川大学党委副书记、副校长，四川大学纪律检查委员会（监委）书记。他尊重知识分子，密切联系群众，是成都科技大学的前身成都工学院的第一任院长，在四川大学工学院独立建院和成都工学院与四川化工学院的合并中作出了重要的贡献。

（15）郑方（1917—2003）

山东乐陵人。燕京大学肄业。1936年加入中国共产党。曾任燕京大学党支部书记，山西新军旅政治部宣传科科长、团政治处主任，陕甘宁边区抗大七分校政治协理员，解放军军官教导团主任。新中国成立后，历任川北行署文教厅副厅长兼西南人民革命大学川北分校教育长、人事厅厅长。1952年调入四川化工学院任副院长兼总支书记。1955—1983年任成都工学院党委书记、副院长、院长，成都科技大学校长、党委书记。第五、六届全国人大代表。他为创办四川化工学院和建设成都工学院、成都科技大学作出了突出的贡献。

二、时代先锋

四川大学历来是“四川进步势力的大本营”和“西南一带传播革命种

子的园地”。自诞生之日起，在血与火的洗礼中，四川大学涌现了一大批与时代和人民同呼吸、共命运的仁人志士。其中，既有四川保路运动和辛亥革命的先驱吴玉章、张澜、张培爵等人，又有新文化运动和五四运动的英雄吴虞、张秀熟、袁诗荛等人；既有四川早期的马克思主义者杨闇公、恽代英、王右木等人，又有抗日救亡和迎接黎明的勇士杨伯恺、江竹筠、毛英才等人。为了中华民族的解放事业，他们无私地奉献出自己的一切，谱写了一曲又一曲嘹亮激越的生命之歌，充分体现了“追求新知、引领社会”、“艰苦奋斗、献身社会”和“服务人民、改造社会”的革命传统。历代四川大学人追求真理，团结奋斗，不屈不挠，前仆后继，先后有60余名师生为新中国的诞生献出了宝贵的生命。

（1）杨锐（1855—1898）

四川绵竹人。著名的“戊戌六君子”之一。1875年，他进入四川大学历史源头之一的尊经书院学习。1895年，他参与发起了强学会。1898年6月11日，光绪皇帝发布《明定国是诏》，决心变法自强，史称“戊戌变法”。在积极推行变法的湖南巡抚陈宝箴的推荐下，杨锐受到光绪皇帝的召见，向光绪皇帝提出了兴学、练兵、用人等救亡之策。因其所言切实中肯，深得光绪皇帝赏识，被赏给四品卿衔，任军机章京，参与新政事宜。“戊戌变法”失败后，他与谭嗣同、刘光第等人一同被捕，后就义于北京菜市口。

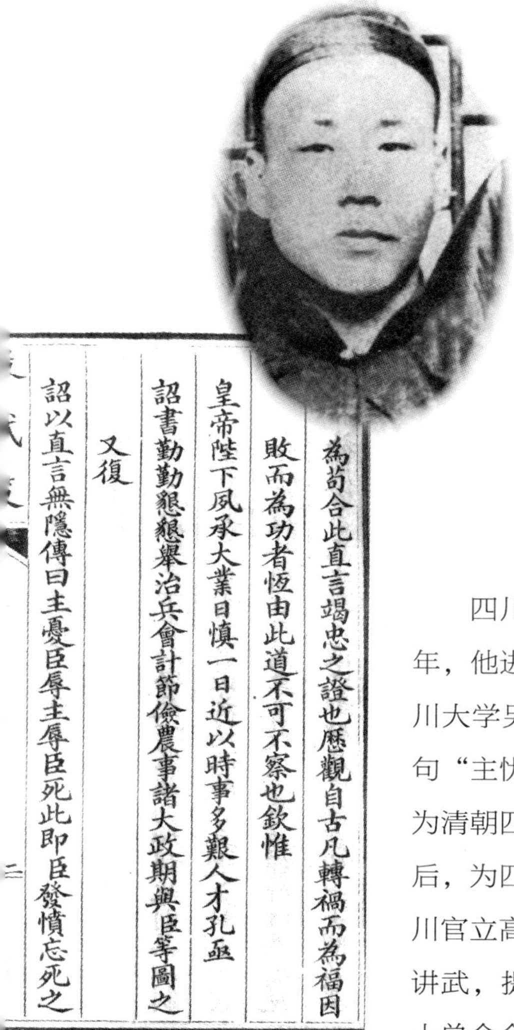

為茍合此直言竭忠之證也歷觀自古凡轉禍而為福因
敗而為功者恆由此道不可不察也欽惟
皇帝陛下夙承大業日慎一日近以時事多艱人才孔亟
詔書勤勤懇懇舉治兵會計節儉農事諸大政期與臣等圖之
又復
詔以直言無隱傳曰主憂臣辱主辱臣死此即臣發憤忘死之

图130　曾经担任四川大学（四川官立高等学校）校长的清朝四川唯一的状元骆成骧及其《殿试策》

（2）刘光第（1859—1898）

四川富顺人。光绪进士，授刑部主事，是清末维新派的著名爱国诗人，官至军机章京。1879—1882年在四川大学历史源头之一的锦江书院就读，1885年回乡执掌文昌书院。1888年入京任职。1894年中日甲午战争爆发，他向光绪皇帝提出条陈，抨击时政，主张改革。1898年春在京与杨锐成立蜀学会，创办蜀学堂。戊戌政变时被捕遇害，是“戊戌六君子”之一。

（3）骆成骧（1865—1926）

四川资中人。清末民初成都的“五老七贤”之一。1874年，他进入四川大学历史源头之一的锦江书院，1879年进入四川大学另一历史源头尊经书院。1895年，他因殿试策中的名句“主忧臣辱，主辱臣死”而被光绪皇帝擢拔为状元，从而成为清朝四川唯一的状元。曾任京师大学堂首席提调。辛亥革命后，为四川第一个公推省议会议长，曾任四川大学（当时的四川官立高等学校）校长。骆成骧虽然是文状元，晚年却热衷于讲武，提倡“强国强种”的体育运动。1921年，他任四川武士总会会长，后募集资金建立了国术馆。他一生清廉自守，不求高官厚禄，有“穷状元”之称。但是，他非常推崇“食不厌精，脍不厌细”和“物无定味，适口者珍”等古训。成都公馆菜中的“清炖粉蒸肉”就是出自骆成骧之手的“状元菜”。

（4）黄英（1867—1928）

四川荣县人。四川维新派的代表人物之一。1888年中举人。曾留学日本。1896年，他在四川中西学堂任英语教习，并研习算学。光绪二十三年（1897年）因为“博通时务，学贯中西”而受聘担任荣县旭川书院山长。1898年，后任四川大学（当时的国立成都高等师范学校）校长的吴玉章就读于旭川书院。在旭川书院，维新思想相当活跃，涌现了较多的像吴玉章这样的“赞成变法的人”和“时务大家”。宣统二年（1910年），黄英任甘肃省灵宁厅同知。民国初年，他任兰山观察使。1914年回川，先后任刘存厚顾问、邓锡侯秘书及江津、简阳等地县长。其著作有《筹蜀篇》《代数明捷草》《格物答问》《地球揽要》《华文易知》《扫苔馆诗钞》等。

（5）邵从恩（1871—1949）

四川青神人。教育家和社会活动家。曾留学日本，1908年回国，任法部主事和四川法政学堂（后并入四川大学）监督等职。辛亥革命后，历任川南宣慰使、四川军政府民政部部长、国务院法制局参事兼北京政法大学教授等。1933年日军侵入华北后，他举家迁回四川。1935年初，他被刘湘聘为省政府顾问。1938年7月，他和张澜等到汉口参加国民参政会第一次大会，经吴玉章介绍，认识了周恩来、董必武等中共领导人，接受了中共团结抗日的思想主张。1947年，他出席国民参政会时被气得中风入院，以颤抖的手写下“内战不停我不乐”七字，国人因此称他为“和平老人”。

（6）蒲殿俊（1875—1934）

四川广安人。清光绪进士，清朝末年立宪派重要人物。年少入四川大学前身之一的尊经书院学习。曾留学日本法政大学。1909年回国后，任四川咨议局议长，利用《蜀报》等舆论工具，针砭弊政，提倡改良。1911年夏任四川“保路同志会”会长，掀起了震惊全国的四川保路运动。武昌起义后，在成都成立大汉四川军政府并自任都督。五四运动时期，他担任北京《晨报》主编，为五四运动和新文化运动作出了重要贡献。鲁迅的名作《阿Q正传》最早就是在《晨报》上连载发表的。

（7）张培爵（1876—1915）

重庆荣昌人。辛亥革命元勋。1903年考入四川大学（当时的四川省城高等学堂）优级师范科。1906年在校加入同盟会，次年与熊克武等人共谋泸州、成都起义。1909年到重庆，参与组织“乙辛学社”。1911年四川保路运动爆发，同年11月22日，他在重庆组织起义，宣布独立，随后成立

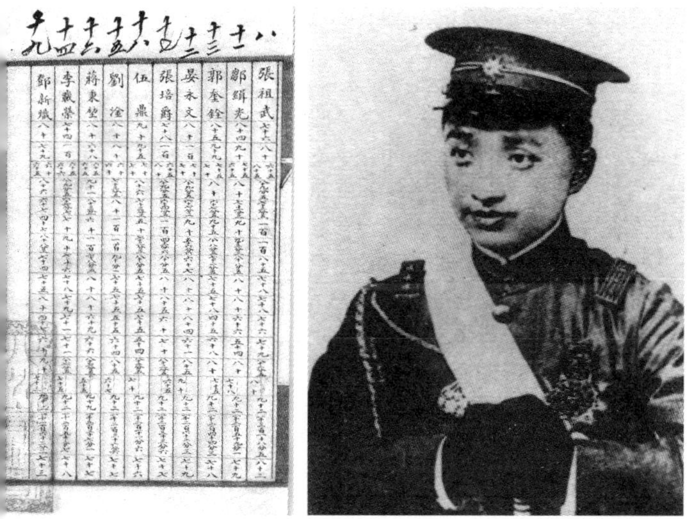

图31　四川辛亥革命的先驱、蜀军政府都督张培爵和他1903—1906年在校学习时的成绩单（左起第六列）

蜀军政府，张培爵被推选为重庆蜀军政府都督。1912年3月，成渝两地军政府合并，他赴成都就任四川军政府副都督，不久改任四川民政长。同年10月，被袁世凯解除实权，调北京任“总统府高级顾问”。次年孙中山发动“二次革命”时，张培爵秘密组织讨伐袁世凯。1915年4月，被袁世凯杀害。

（8）朱德（1886—1976）

四川仪陇人。伟大的马克思主义者，无产阶级革命家、政治家和军事家，中国共产党和中华人民共和国主要领导人之一，中国人民解放军创建人之一。1907—1908年在四川大学（当时的四川省城高等学堂）体育科甲班学习，用名“朱建德”。在校期间，他秘密阅读同盟会的机关刊物，接受民主革命思想影响。这一段时期的经历，对于他后来“走向革命之路”起了很大作用。他回忆说，他对国事比对正规课程还有兴趣，尤其喜欢听戴假辫子的教师提倡“自由平等”、批评旧制度的讲课。他认为，“那些人是革命的，我对于一切革命的事物都羡慕”。1909年，他考入云南陆军讲武堂，1911年在云南参加辛亥革命武装起义。1922年，他赴德国留学，加入中国共产党。1927年，他领导“八一”南昌起义。新中国成立后，任中央人民政府副主席、中国人民解放军总司令。1955年被授予中华人民共和国元帅军衔。1956年当选为中央政治局常务委员，并任中共中央副主席、中央军委副主席。

（9）王右木（1887—1924）

四川江油人。四川最早传播马克思主义的宣传者，四川共产主义党、团组织最早的创建人和领导人之一。1909年，他考入四川大学（当时的四川通省师范学堂）优级师范科，在校用名“王丕昌”。1914年留学日本东京明治大学经济系，参加中国留日学生反对“二十一条”的爱国学生运动，加入留日学生组织神州学会，结识李大钊，初步接触马克思主义理论。归国后，1919年到四川大学（当时的国立成都高等师范学校）任学监和附中主任，并教授日文。1920年起，他先后组织成立马克思主义读书会、四川社会主义青年团，创办《人声》旬报，大力宣传马克思主义和社会主义新思想。他建立了四川最早的共产主义党、团组织。1924年夏经上海再次赴广州参加党的会议，7月从广东出发步行回川，9月上旬行至贵州境内，沿途进行社会考察和革命宣传，不幸牺牲。

（10）彭家珍（1888—1912）

四川金堂人。辛亥革命烈士。1898—1902年就读于四川大学历史源头之一的尊经书院，1903年考入成都陆军武备学堂。1906年被派赴日本考察军事并购置军火。回国后任四川新军第六十一标一营左队排长、队官等职，暗中掩护革命党人活动。1909年入云南，任新军第十九镇随营学堂管带兼教练官。1910年入东三省，任奉天学兵营队官兼教习。1911年任天津兵站司令部副官，用军火、资金接济南方革命党。遭通缉后，他化名在京、津等地联络起义。京津同盟会成立后，被推为军事部长。武昌起义后，为扫清革命障碍，他于1912年1月26日舍身炸死清廷重臣、宗社党首领良弼，因弹片击伤头部而牺牲。他是孙中山追赠的四川“三大将军”之一。

（11）王光祈（1892—1936）

四川温江人。音乐学家、社会活动家。1908年进入四川大学（当时的四川省城高等学堂），与郭沫若、李劼人、周太玄等人是同学。1914年到北京，进入国民大学（1917年改名为中国大学）攻读法律，同时任职于清史馆，并先后担任成都《四川群报》（后改名为《川报》）驻京记者和北京《京华日报》编辑。1919年5月4日，他将有关情况迅速用专电发回成都，推动了五四运动在四川地区的蓬勃发展。同年，他与李大钊等创办少年中国学会，被推选为执行部主任，先后推荐毛泽东、赵世炎、张闻天、恽代英等入会。1920年赴德国研习政治经济学，1923年转学音乐。1927年入柏林大学专攻音乐学，1934年以《论中国古典歌剧》一文获波恩大学博士学位。他的代表研究作有《东方民族之音乐》《欧洲音乐进化论》等，开东方民族音乐研究之先河。

（12）杨伯恺（1894—1949）

原名杨洵，四川营山人。1917年到上海求学，后考入北京法文专修馆学习。1919年赴法国勤工俭学。1922年6月加入共青团，不久转为中国共产党党员。1929年，他受聘于四川大学（当时的国立成都大学）任教。次年10月重返上海开办书店，翻译出版18世纪的多部西欧哲学名著。1937年，他担任成都协进中学教务主任，在川军上层中从事统战工作，后任《华西日报》主笔。1944年，他被选为民盟中央委员兼四川支部宣传部部长，主笔、创办多份进步报刊宣传革命思想。1947年6月2日被捕，1949年12月8日在成都十二桥牺牲。

（13）刘伯坚（1895—1935）

四川平昌人。无产阶级革命家、军事家，中国共产党的早期党员。1917年就读于四川大学（当时的国立成都高等师范学校）。1920年赴欧洲勤工俭学。1921年与周恩来、赵世炎等共同组建旅欧“少年共产党”（后改名旅欧共青团）。1922年转为中国共产党党员。曾任中共旅比（利时）支部书记、中共旅欧总支部书记。1923年和1928年两次前往苏联学习，并出席在莫斯科召开的中共第六次全国代表大会。回国后，先后任中央军事政治学校政治部主任、中革军委秘书长、中革军委总政治部宣传部副部长、中华苏维埃共和国中央执行委员会委员，参加了中央革命根据地历次反“围剿”斗争。1931年底，参与领导宁都起义。1935年3月在战斗中受伤被俘，后英勇就义。

（14）恽代英（1895—1931）

祖籍江苏武进，生于湖北武昌。中国无产阶级革命家，中国共产党早期青年运动领导人之一，黄埔军校第四期政治教官。1915年，他进入武昌中华大学文科攻读中国哲学。在学生时代，他积极参加革命活动，创办进步社团，传播新思想、新文化和马克思主义，是五四运动武汉地区的主要领导人之一。1921年，他加入中国共产党。1922年，他应吴玉章的邀请，在四川大学（当时的国立成都高等师范学校）任教，是最受学生欢迎的教师。在校期间，他把马克思主义的宣传活动推向一个更高的阶段。1923年8月，他被选为中国社会主义青年团中央委员、宣传部部长，创办和主编《中国青年》，培养和影响了整整一代青年。1931年4月29日，他在南京监狱被杀害，牺牲前写下了“浪迹江湖忆旧游，故人生死各千秋。已摈忧患寻常事，留得豪情作楚囚”的不朽诗篇。

（15）张秀熟（1895—1994）

四川平武人。教育家。1916年，考入四川大学（当时的国立成都高等师范学校）。读书期间，他开始接受马克思主义。1919年五四运动时期，任四川省学生联合会执行部理事长，成为四川爱国学生运动的领袖。1926年，加入中国共产党。1927年，担任中共成都市委第一任书记和川西特委书记。1928年2月，任中共四川省委常委；5月，代理省委书记。1928年10月在重庆被捕入狱，直到1936年10月才被释放。他先后任川康特委委员等职，负责统战工作。新中国成立后，他先后担任四川省副省长、四川省人大常委会副主任等职务。

（16）罗章龙（1896—1995）

又名罗仲言，湖南浏阳人。经济学家和政治活动家，中共一大代表，中共早期重要的领导人和工人运动的领袖。1912年入长沙第一联合中学就读，1915年入长沙长郡中学，与同在长沙就读的毛泽东结为好友，被誉为“管鲍之交，后无来者”。1936年，他曾到华西协合大学讲学，并于1945—1947年受聘为华西协合大学经济系教授。他还担任过河南大学、西北大学、湖南大学、中南财经学院、湖北大学等校经济学系教授。著作有《中国国民经济史》《欧美经济政策研究》《经济史学原理》《国民经济计划原理》以及《椿园载记》《椿园诗草》等。

（17）胡子昂（1897—1991）

重庆人。社会活动家、实业家，著名爱国民主人士。1923年毕业于北京农业专门学校，1928年任成都川康边防总指挥部边务处处长，曾任公立四川大学农科学院教授。1930年后任江西农业学院技师兼总务长。1933年起任重庆华西公司、自来水公司经理，中国兴业公司总经理。1943年后任四川省建设厅厅长，重庆川康兴业公司董事长兼总经理，重庆华康银行董事长兼总经理，重庆市参议会议长。1945年，与黄炎培、胡厥文等筹建中国民主建国会。1949年9月，出席中国人民政治协商会议第一届全体会议。中华人民共和国成立后，历任重庆市副市长，四川省政协副主席，全国政协副主席，中国民主建国会中央副主席，中华全国工商业联合会主席。

（18）杨闇公（1898—1927）

重庆潼南人。四川地区早期的马克思主义先驱，大革命时期四川中共党组织的优秀领导人。1913年入南京军官教导团学习。1917年，东渡日本，寻求救国救民之道。回国后与吴玉章等人建立共产主义的组织，研究社会主义，以国立成都高等师范学校为基地开展马克思主义的宣传和反帝反封建的革命活动，同成都地区的社会主义青年团一起开展工人、农民和学生运动，曾任教于后来并入四川大学的公立四川外国语专门学校。1925

年，加入中国共产党，任社会主义青年团重庆地委书记。1926年2月，任中共重庆地方委员会（中共四川省委）书记，同年11月与刘伯承、朱德领导和组织了“顺泸起义”。1927年4月4日被捕，4月6日被敌人杀害于重庆佛图关。

（19）文幼章（J. G. Endicott，1898—1993）

出生在四川乐山，加拿大国际友人、和平人士。他毕业于加拿大多伦多大学，父亲是华西协合大学的创办人之一。1925年，他被加拿大联合教会派到中国四川重庆传教，随后到华西协合大学和附中从事英语等课程教学，是“英语直接教学法”的热心推广者。抗战胜利后，他在上海创办了共产党的地下英文刊物《上海新闻通讯报》（*Shanghai News Letter*）。1947年他回到家乡，致力于世界和平友好事业，长期担任世界和平学会会长，被中国人民对外友好协会授予“人民友好使者”的称号。1983年10月4日，他重返四川大学华西校区（当时的华西医科大学），用地道的四川话深有感触地说：“我爱我的第二故乡中国！我由衷地为她的发展、进步感到高兴。”

（20）黄宪章（1904—1985）

湖南耒阳人。经济学家。1921年毕业于岳阳中学。1922年考入上海南方大学教育系，1925年毕业后赴长沙女子师范学校任教。1927年参加北伐。1928年留学法国巴黎大学，专攻经济学和财政学，1931年回国。1935年，任国立四川大学经济系教授并注册主任。1937年12月6日，黄宪章和学生康乃尔因宣传抗日救亡而被捕。学校师生联名上书当局，要求释放黄宪章和康乃尔。12月22日，黄宪章恢复自由。这就是轰动一时的“康黄事件”。四川大学还专门印行《黄案始末记》一册，以示纪念。1949年后，黄宪章历任四川大学经济系主任、副教育长，四川省工商行政管理局副局长，四川省政协常委，中国民主建国会四川省副主任委员等职。著作有《经济学概论》和《货币学总论》等。

（21）杨尚昆（1907—1998）

重庆潼南人。伟大的无产阶级革命家、政治家、军事家，坚定的马克思主义者，党、国家和人民军队的卓越领导人。1920年考入四川大学（当时的国立成都高等师范学校）附小，后转入附中。在校期间，他结识进步青年，参加社会科学读书会，开始接触马克思主义。1925年加入共青团，1926年初转为

图32　1920—1924年在国立成都高等师范学校学习的杨尚昆（一排右二）和成都社会主义研究会成员

中国共产党党员。1926年11月赴苏联，入莫斯科中山大学学习，比较系统地学习了马克思列宁主义理论。1931年初回国，一直担任党和军队重要领导职务。1988年4月，他当选为中华人民共和国主席。他为中国人民的解放事业和建设事业贡献了毕生精力，为新时期改革开放和社会主义现代化建设事业作出了重大贡献。

（22）江竹筠（1920—1949）

四川自贡人。名扬中外的渣滓洞烈士“江姐”。1939年秋在重庆加入中国共产党。1944年考入国立四川大学农学院植物病虫害系，次年转入农艺系，并以学生身份秘密从事党的工作，在校用名江志炜。1946年后参加领导重庆学生运动，并担任中共重庆市委地下刊物《挺进报》的联络和组织发行工作。1948年6月14日，由于叛徒的出卖，江竹筠不幸被捕，被关押在重庆渣滓洞监狱。面对敌人的严刑拷打，江竹筠始终坚贞不屈，并领导狱中的难友同敌人展开坚决的斗争。1949年11月14日，在重庆解放前夕，她壮烈牺牲。

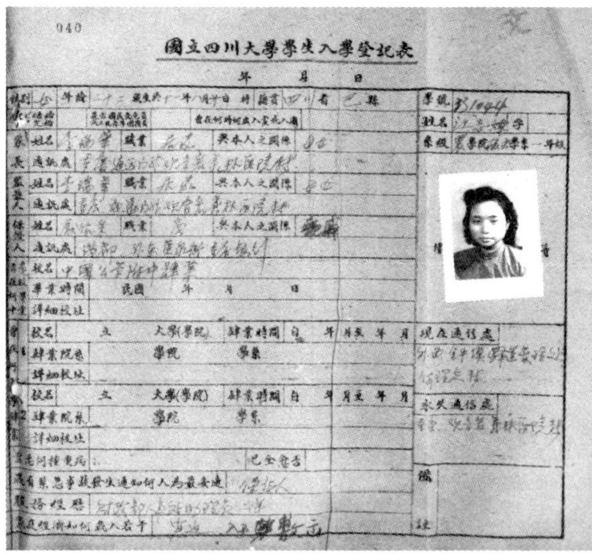
國立四川大學學生入學登記表

图33　1944—1946年在国立四川大学读书的革命烈士江姐（在校用名江志炜）的《入学登记表》

三、人文大家

四川大学的人文社会科学上承锦江书院、尊经书院，源于1896年四川中西学堂的英法文科，有世界上收录楷书汉字最多的《汉语大字典》、全国最大的断代文章总集《全宋文》、世界上第一部正规的《甲骨文字典》和堪称两千年儒学第一藏的《儒藏》等研究成果，敦煌学研究改变了“敦煌在中国，敦煌学在日本”的状况。110多年来，四川大学在融会蜀学兼容精神、经世理念、创新思想、朴学方法于一炉的教育传统之上，继承和发展了中外优秀文化传统和教育思想，一大批人文大师在这所文化的园地，培育了“厚德博学，虚心从善”的精神风貌和“知行并重，服务社会”的能力素养。

（1）彭端淑（1699—1779）

四川丹棱人。文学家。雍正十一年（1733年）考中进士。他注重振兴教育，培植人才，整顿吏治。乾隆二十六年（1761年）辞官返川，在四川大学历史源头之一的锦江书院任主讲和山长达二十年。彭端淑的主要成就在文学方面，其诗歌、散体古文及文学批评理论的影响都非常大。他与李调元、张问陶以文名鼎立蜀中，被誉为“清代四川三才子”。其代表作为《白鹤堂文集》，其中《为学一首示子侄》被收入今天的七年级语文课本。

（2）王闿运（1833—1916）

湖南湘潭人。经学家。咸丰时中举人，后入曾国藩幕府，不久就隐居不仕，潜心学术研究。光绪五年（1879年），王闿运应四川总督丁宝桢之邀来到成都，担任四川大学历史源头之一的尊经书院山长。因其入主，尊经书院“日有记，月有课，暇则习礼，若乡饮投壶之类，三年士风丕变”。后回湖南，先后受聘为长沙思贤讲舍主讲、衡州船山书院山长、江西大学堂总教习。其弟子杨锐、刘光第、廖平、宋育仁、杨度、齐白石等卓有成就。辛亥革命后，他曾担任清史馆馆长。

（3）廖平（1852—1932）

四川井研人。经学家。1876年进入四川大学历史源头之一的尊经书院，钻研《春秋》经学。1898年与宋育仁、吴之英等人在成都创办《蜀学报》，宣传变法维新思想。其托古改制观点为变法维新提供了理论基础。1911年，任《铁路月刊》主笔，支持四川保路运动。四川军政府成立后，受聘任枢密院院长。后任教四川国学学校（后并入四川大学）并担任校长，曾兼任当时的国立成都高等师范学校（四川大学前身）和华西协合大学教授。他是中国近代最著名的经学大师，在中国近代学术界占有极其重要的地位，章太炎先生称赞其曰：“以君学不纯德，而行乎纯儒。”

图34 宋育仁和尊经书院发行的成都第报《蜀学报》

（4）宋育仁（1857—1931）

四川富顺人。中国早期资产阶级改良主义思想家。1877年进入四川大学历史源头之一的尊经书院。1886年中进士，授翰林院庶吉士。1894年起任英国、法国、意大利、比利时四国公使参赞，考察西方社会、经济、政治制度，积极策划维新大计。1897年创办四川近代最早的报纸《渝报》，也是中国资产阶级最早创办的白话报纸之一，树起了维新宣传的旗帜，兴起了四川近代史上第一次思想解放的潮流。1898年，他受聘出任尊经书院院长，组织维新团体“蜀学会”，发行《蜀学报》，翻印《天演论》和《原富》。因著有《时务论》《采风记》等著作，他被誉为四川历史上“睁眼看世界”的第一人。

（5）谢无量（1884—1964）

四川乐至人。诗人、书法家。1901年赴上海，与李叔同、黄炎培等同入南洋公学，积极地投入政治、文化、思想、教育和宣传活动。1909年，他返回四川，任成都存古学堂监督，兼授国文、理学课程，对学堂进行多方面的改革，并改名为四川国学院，后并入公立四川大学，再并入国立四川大学。民国初期，他在孙中山大本营任孙中山先生秘书长、参议长和黄埔军校教官等职。他长期从事教育和著述，历任广东大学、东南大学、四川大学、中国公学等多所大学教授。新中国成立后，他担任中国人民大学教授、中央文史馆副馆长。

（6）李宗吾（1879—1943）

四川自贡人。思想家、教育家。曾任四川省长署教育厅副厅长和省督学等职。1907年，他毕业于四川大学（当时的四川省城高等学堂），在校期间加入同盟会，后担任四川大学（当时的国立成都大学）教授。1912年，他以“独尊”之名，撰写了轰动一时的《厚黑学》，历经数十年之久而长盛不衰，并以各种译本传遍世界70多个国家和地区。他自称“厚黑教主”，人称“厚黑大师”，被誉为“影响中国文化的20大奇才怪杰”之一。国学大师南怀瑾说：“厚黑教主的为人道德，一点儿也不厚黑，甚至是很诚恳、很厚道的。”

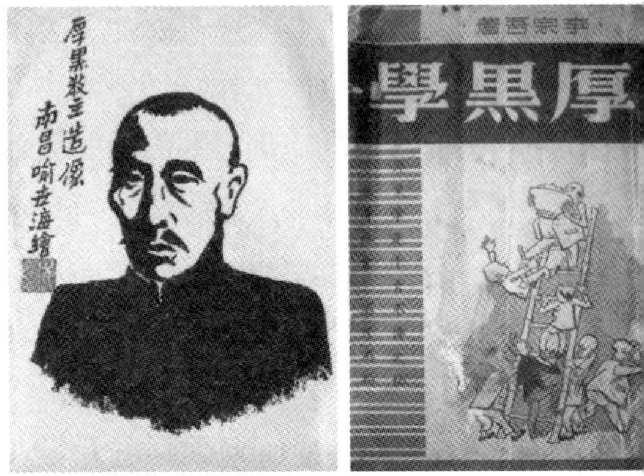

图35　四川省城高等学堂学生、国立成都大学教师李宗吾和他的《厚黑学》

（7）陈寅恪（1890—1969）

江西义宁人。历史学家、古典文学研究家、语言学家。曾任中国科学院社会科学部委员、中央文史馆副馆长、全国政协常委。少时广泛阅读经史和哲学典籍。1902年后，先后留学日本、德国、瑞士、法国、美国等国家，熟知蒙、藏、满、日、梵、英、法、德和巴利、波斯、突厥、西夏、拉丁、希腊等十余种语言，尤其精通梵文和巴利文。1925年归国后，他应清华大学之聘，与王国维、梁启超、赵元任同为国学研究院导师，先后任教于燕京大学、华西大学、广西大学、中山大学等。其代表作有《柳如是别传》等。

（8）李劼人（1891—1962）

原名李家祥，四川成都人。中国现代具有世界影响的文学大师，文学翻译家、社会活动家、实业家。曾经与周太玄、魏时珍等就读于四川大学（当时的四川省城高等学堂）分设中学堂。1912年发表的处女作《游园会》，比鲁迅的《狂人日记》早三年，比陈衡哲的《一日》早两年。1919

年赴法国留学。1924年，先任《川报》主编，后任四川大学（当时的国立成都大学）教授。五四运动时期，在成都办报纸并组织少年中国学会成都分会，宣传新文化和救国思想。1937年完成的“大河三部曲”——《死水微澜》《暴风雨前》《大波》，从社会风俗史的角度，以辛亥革命前后的成都为背景，记录了百年前巨变的时代，被郭沫若誉为“小说的近代《华阳国志》”和“中国的左拉”。新中国成立后，他曾任成都市副市长、四川省文联副主席等职。

（9）郭沫若（1892—1978）

四川乐山人。社会活动家、诗人、剧作家、历史学家、古文字学家。1910年入四川大学（当时的四川省城高等

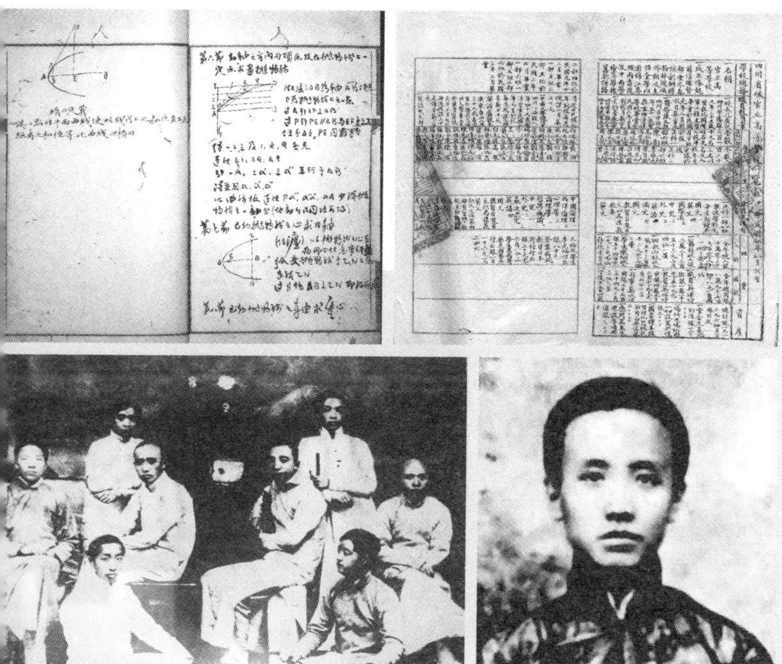

图36　1910—1913年在校学习的中国文坛巨匠郭沫若（在校用名郭开贞）的作业本、学籍名册以及他与同学们的合影（二排左二）

学堂）分设中学堂。1913年2月考入四川高等学堂正科二部九班学习，在校用名郭开贞。离校赴日留学后，他弃医从文，与成仿吾、郁达夫等组织“创造社”，积极从事新文学运动。1926年他参加北伐，任国民革命军政治部副主任。1927年参加了中国共产党领导的南昌起义。1937年抗日战争爆发后，他从日本回国，团结进步文化人士从事抗日救亡运动和民主运动。中华人民共和国成立后，历任中华全国文学艺术界联合会主席、政务院副总理兼文化教育委员会主任、中国科学院院长、中国科学技术大学校长、全国人大常委会副委员长等职。著有《中国古代社会研究》《甲骨文字研究》等重要学术著作。其诗歌《女神》在中国文学史上开新一代诗风，是当代最优秀的革命浪漫主义诗作。他的全部作品汇编成《郭沫若全集》38卷。

（10）杨佑之（1893—1971）

湖南长沙人。经济学家、会计学家。早年求学于北京大学商科，师从马寅初先生。1919年毕业后，先后任教于中国大学、河北大学、北平大学商学院。1936—1949年，先后担任四川大学经济系教授、四川省会计专科学校校长、华西协合大学经济系和成华大学会计系主任。抗日战争时期撰写的《会计学》和《会计学纲要》具有很高的学术价值，至今仍是会计学界公认的有影响的权威性著作。成都解放后，担任华西协合大学接管委员会副主任，后一直在四川财经学院（今西南财经大学）任教。

（11）张怡荪（1893—1983）

四川蓬安人。藏学家、语言文字学家。1915年从四川大学（当时的四川省城高等学堂）毕业，后考入北京大学国文门。1922年，他著文批评梁启超关于《老子》一书的观点并寄给梁启超，梁启超将他的论文和自己的题识在《晨报》全文发表，张怡荪因此而负有才名。他曾先后任教于北京大学、北京女子师范大学、清华大学、山东大学、四川大学等高校。1938年，他在成都创办西陲文化院。他编有我国第一部藏汉辞书《藏汉集论词汇》。他编著的《藏汉大辞典资料本》为当时全国藏汉辞书中资料最丰富的一部书稿。20世纪50年代初，他被聘任为四川大学中文系教授兼文科研究所所长。在他的主持下，用三年时间编成《藏汉大辞典样本》。后来，他调入四川民族研究所。1985年，他耗尽毕生心血主持编纂的《藏汉大辞典》终于出版，这部凝聚汉藏学者智慧的辞典为祖国的藏学事业和世界文化的发展作出了重要贡献。

（12）蒙文通（1894—1968）

四川盐亭人。国学大师、史学家。早年入读四川大学（当时的四川省城高等学堂）分设中学。1911年就读于四川存古学堂（后并入公立四川大学，再并入国立四川大学），受业于清末国学大师廖平与刘师培，从研究传统经学开始学术生涯。后向近代佛学大师欧阳竟无先生学习佛学与古代学术思想。20世纪20年代起，先后任教于成都大学、成都师范大学、成都国学院、中央大学、河南大学、北京大学、华西协合大学和四川大学。他致力于历史、道教和佛教研究，被公认为做到了“儒、释、道”三通。20

世纪40年代，曾任四川省图书馆馆长。1949年后，除继续担任四川大学历史系教授外，还兼任中国科学院历史研究所研究员。

（13）舒新城（1893—1960）

湖南溆浦人。出版家、教育家。1917年毕业于湖南高等师范学校。1920年创办《湖南教育月刊》。1923年任南京东南大学附中研究股主任，推行道尔顿制，并赴上海、武昌、长沙等地讲演，编写《道尔顿制研究集》和《近代中国教育史料》。1923年11月，由恽代英介绍加入少年中国学会。1924年10月，应吴玉章之邀，赴成都任四川大学（当时的国立成都高等师范学校）教授。1928年起，在中华书局任《辞海》主编、编辑所所长兼图书馆馆长。中华人民共和国成立后，曾当选为上海市政协副主席、《辞海》编委会主任委员。

（14）吴宓（1894—1978）

陕西泾阳人。文学家、国学大师、诗人。他学贯中西，融通古今，是清华大学国学院和《学衡》杂志创办人之一，被称为“中国比较文学之父”。当代著名学者钱锺书、季羡林、王力、贺麟、许国璋等人，都出自他的门下或受到他的教诲。他毕业于美国哈佛大学，历任东南大学、东北大学、清华大学、西南联合大学、燕京大学、四川大学、武汉大学、重庆大学、西南师范大学等校教授。著作有《吴宓诗集》《文学与人生》《吴宓日记》等。

（15）叶圣陶（1894—1988）

江苏苏州人。著名作家、教育家、编辑家、文学出版家和社会活动家。1911年中学毕业后，任乡镇小学教师。1916年进上海商务印书馆附设尚公学校执教。1919年，加入北京大学学生组织的“新潮社”，开始发表小说、新诗、文学评论和话剧剧本。1921年，与周作人、沈雁冰、郑振铎等人发起成立“文学研究会”。五卅运动时期，与胡愈之等人创办《公理日报》，后又主编中国济难会的《光明》半月刊。抗战期间，他前往四川继续主持开明书店编辑工作，并执教国立四川大学等校，参加发起成立“文艺界抗敌后援会”。他是五四新文化运动的先驱者，创作了我国第一部童话集《稻草人》和中国现代文学史上第一部长篇小说《倪焕之》。新中国成立后，历任出版总署副署长、人民教育出版社社长、教育部副部长和民进中央主席等职。

（16）向宗鲁（1895—1941）

重庆巴县人。文献学家。早年入成都存古学堂，受业于经学家廖平，同学有蒙文通等。曾任国立四川大学教授、中文系主任。博通经史，尤以古籍校注见长，其弟子有王利器等，成就斐然。有《说苑校证》《校雠学》《周易疏校后记》《月令章句疏证叙录》和《淮南鸿烈简端记》等著作。1941年，向宗鲁就任国立四川大学中文系主任才一年，学校正在筹建中国文学研究所之际，不幸因病去世。他因年少嗜书如命，熟读经典，有“向书柜”的雅号和“读书不如问宗鲁”的美誉。

（17）钱穆（1895—1990）

江苏无锡人。历史学家、思想史家。少时因家贫辍学，后自学，曾担任中小学教员。1930年以后在西南联大、齐鲁大学、武汉大学、华西协合大学、四川大学等校任教，曾任江南大学文学院院长。1949年迁居香港，创办新亚书院并任院长。曾获得香港大学、美国耶鲁大学名誉博士称号。他对中国历史，尤其是对中国历代思想家及其思想源流的研究和考辨，能自成一家之言。他在儒学方面的研究成果也非常突出，1930年因发表《刘向歆父子年谱》而一举成名。他一生写了1700多万字的史学和文化学著作，在国内外学术界有着很大的影响，中国学术界尊其为一代宗师。1968年，他当选为台湾地区“中央研究院”院士。

（18）吴芳吉（1896—1932）

重庆江津人。自号白屋吴生，世称白屋诗人。他自幼勤奋好学，以神童名闻乡里。1910年考入北京清华留美预备学校。1912年因抗议美籍教师无理辱骂中国同学愤而离校，任嘉州中学英文教师。1919年秋，他赴上海任《新群杂志》诗歌编辑，后在中国公学、西北大学、东北大学等校讲授国文。1927年受聘为四川大学（当时的国立成都大学）中文系教授兼主任。1929年，他与国立成都大学理学院院长沈懋德和物理系教授吕子方、化学系教授彭用仪等到重庆筹办重庆大学。著名诗作有《婉容词》《两父女》《护国岩词》《巴人歌》等，有《白屋先生遗书》《白屋嘉言》《白屋家书》《白屋诗选》《吴芳吉全集》等遗世。其《婉容词》被中国诗界誉为“几可与《孔雀东南飞》媲美”的传世之作。毛泽东主席曾经称赞他的诗歌“芳吉知春，芝兰其香”。

（19）萧公权（1897—1981）

江西南安人。宪政学家。1920年，他从清华大学毕业后赴美留学，先后就读于密苏里大学和康奈尔大学。1926年，他获得康奈尔大学哲学博士学位。历任南开大学、东北大学、燕京大学、清华大学、四川大学、华西协合大学、光华大学、台湾大学以及美国华盛顿大学等大学教授，1948年当选为中央研究院院士。其主要著作有《政治多元论》《中国政治思想史》《宪政与民主》《康有为思想研究》等。其中，《中国政治思想史》运用政治学与历史学相结合的方法，系统叙述和分析数千年来中国政治思想的发展，在学术界影响较大。他有很深的国学修养，仅在成都的几年，就写了九百多首诗。抗战期间，在成都有所谓学界的“四大名旦”，即陈寅恪、萧公权、吴宓和李方桂。他是《国立四川大学校歌》的词曲作者。

（20）朱光潜（1897—1986）

安徽桐城人。教育家，美学大师。1922年毕业于香港大学文学院，曾留学英国爱丁堡大学、伦敦大学，法国斯特拉斯堡大学。五四运动中，受《新青年》杂志与胡适提倡白话文的影响，毅然放弃文言文，改写白话文，后用白话文发表美学处女作《无言之美》。1925年留学英国和法国并获文学博士学位。回国后，曾任北平大学英文系主任、商务印书馆《文学杂志》主编。1937年任国立四川大学文学院院长、外文系主任兼出版编审委员会主任委员。他提出，大学教育的目的“不仅在训练一技之长，而尤在养成宏正通达之士；不仅在传授知识技能，而尤在陶冶品学才识具备之完人与培养健全之士风”。曾任全国政协常委、中国美学学会会长、中国社会科学院学部委员等职。

（21）徐中舒（1898—1991）

安徽怀宁人。历史学家、古文字学家。1926年毕业于清华大学研究院。早在20世纪30年代，他就以“学术水平很高的专家”扬名于学术界，长期执教于四川大学并任历史系主任。曾任中国科学院哲学社会科学部学术委员、四川省历史学会会长、中国先秦史学会理事长、四川博物馆馆长等职。他强调古文字学研究应与古史研究相结合。他在先秦史、古文字学、考古学、地方史、民族学等方面都有很高的造诣，并主持编纂大型辞书《汉语大字典》《甲骨文字典》等多种工具书。

（22）冯汉骥（1899—1977）

湖北宜昌人。考古学家、民族学家。1919年入武昌文华大学文科兼图书馆科。1931年赴美入哈佛大学研究院人类学系和费城宾夕法尼亚大学人类学系，1936年获人类学哲学博士学位。1937年起任教于四川大学，其间曾短暂在华西协合大学、西南博物院、四川省博物馆等任职。他是运用现代考古学与民族学知识研究中国古代社会的先驱者之一。他主持的成都前蜀王建墓发掘工作是中国首次对地下墓室进行的大规模发掘。

（23）毛坤（1899—1960）

四川宜宾人。图书馆学家、档案学家。1920年毕业于四川省立师范学校。1923年考入北京大学哲学系。1926年考入华中大学文华图书科，1928年毕业后留校任教。先后担任中国最早的图书馆学校——武昌文华图书馆学专科学校的教授兼教务长。1947年受聘为国立四川大学教授兼图书馆馆长。他在中国现代图书馆学和档案学研究领域具有深厚的造诣，先后完成著述八十余种，涉及图书馆学理论、图书馆事业、西洋图书馆史、中西目录学、编目法、分类法、档案行政、档案经营等多个领域。他是中国现代档案学教育的开创者，被誉为中国的“图书馆学巨擘，档案学权威”。

（24）饶孟侃（1902—1967）

江西南昌人。诗人、文学家。1916—1924年，先后在北京清华学堂和清华大学读书，专习英语，参加清华文学社，时称“清华四子”之一。1924年赴美国芝加哥大学留学，回国后在复旦大学、暨南大学、安徽大学、浙江大学、南京大学、西北联合大学等校任教，1939—1954年任四川大学外文系教授、系主任。他是新月派的重要代表人物，被闻一多等称为作诗的“奇迹”。主要作品有诗集《泥人集》、小说集《梧桐雨》和译著《巴黎的回音》等。

（25）姜亮夫（1902—1995）

云南昭通人。楚辞学家、敦煌学家、语言音韵学家、历史文献学家。1921年入四川大学（当时的国立成都高等师范学校）国文部学习，在校用名姜寅清。1926年，考入清华大学国学研究院，师从王国维、梁启超、陈寅恪先生。1935年赴法国巴黎高等师范学习。1937年回国后，先后任教于复旦大学、河南大学、东北大学、云南大学和杭州大学。曾任屈原学会会长、中国敦煌吐鲁番学会语言文学分会会长等职。有《瀛涯敦煌韵辑》《敦煌——伟大的文化宝藏》《陈本礼楚辞精义留真》《屈原赋校注》《陆平原年谱》《楚辞书目五种》《楚辞今绎讲录》《楚辞学论文集》《楚辞通故》《莫高窟年表》《敦煌学概论》《屈原赋今绎》《敦煌学论文集》等著作。其中，《楚辞通故》一书被海内外专家誉为“当今研究楚辞最详尽，最有影响的巨著”。

（26）罗忠恕（1903—1985）

四川武胜人。哲学家，教育家。1922年入华西协合大学医科，后转入文科。1931年毕业于北平燕京大学研究生院，获哲学、心理学硕士学位。1931—1937年、1941—1946年、1948—1952年，他三度在华西协合大学任教，曾任文学院院长、哲学系主任。1942年，他与名教授顾颉刚、钱穆、蒙文通等人在成都组织“东西文化学社”，并约请国内学者张东荪、梁漱溟、邵力子和国外学者罗素、爱因斯坦、杜威、泰戈尔、李约瑟等参加。1952年后，他相继在四川师范学院、成都科技大学和四川大学任教。他认为：华西

图37　曾在原华西协合大学、原成都科技大学和原四川大学任教的罗忠恕1947年12月与世界科学巨匠爱因斯坦的合影

协合大学文学院开设的中文、外文、通史等课程对文、理、医、牙的学生多是必需的，这样可以培养他们“具有远大的眼光，广阔的胸襟，深刻的认识，明确的判断，灵活的应事力”。

（27）胡寄窗（1903—1993）

四川天全人。经济学家。1926年毕业于北平大学法学院，后赴英国留学。1938年获伦敦大学经济学院经济科学硕士学位。历任四川大学、华西协合大学、浙江财经学院、上海财经大学等校教授，曾担任浙江财经学院院长、中国经济思想史学会会长等职。他长期从事中国经济思想史的研究，创办《经济学报》《经济评论》杂志，为经济理论的研究和交流开辟了专业领域。其专著《中国经济思想史》为中国古代经济思想史奠定了系统的理论基础。

图38　1923年离开成都前，在四川公立外国语专门学校学习的巴金（右一）与家人合影

（28）巴金（1904—2005）

四川成都人。现代文学家、出版家、翻译家。五四新文化运动以来最有影响的作家之一，20世纪中国杰出的文学大师，中国当代文坛的巨匠。1919—1923年，他在后来并入四川大学的四川公立外国语专门学校求学，在校用名李尧棠。1927—1929年赴法国留学。1929年回国后，长期从事文学创作。他创作的“激流三部曲”（《家》

《春》《秋》）和“爱情三部曲”（《雾》《雨》《电》）等小说，在中国脍炙人口。历任全国文联副主席、中国作协主席、全国政协副主席等职。2003年11月，国务院授予巴金“人民作家”荣誉称号。

（29）缪钺（1904—1995）

江苏溧阳人。历史学家、文学家。1922年考入北京大学文科。曾任河南大学、浙江大学、华西协合大学、四川大学等校教授。其中，在四川大学授业五十余年，历任四川大学历史系教授、历史研究所副所长、古籍整理研究所名誉所长。他从事中国古代史、中国古典文学、历史文献学的教学与研究工作七十余年，在魏晋南北朝史学与文学、唐宋文学、诗学、词学、古籍整理、中国古代思想史等领域均有建树，书法亦堪称大家。1981年，他被国务院学位委员会批准为首批博士生导师之一，为四川大学培养出新中国成立后的第一位文科博士，曾获国家首届教学成果特等奖。其著作《灵溪词说》获国家教育委员会全国高等学校首届人文社会科学研究优秀成果一等奖。

（30）萧涤非（1906—1991）

江西临川人。古典文学家。1930年毕业于清华大学中文系，1933年毕业于清华大学研究院。先后任山东大学、西南联大和中正大学讲师、副教授、教授。1936—1941年，他在国立四川大学任教。抗日战争胜利后，重返山东大学任教授。他曾任中国唐代文学学会会长、国务院古籍出版规划小组顾问，长期从事古典文学研究和教学工作。主要著作有《汉魏六朝乐府文学史》《杜甫研究》《中国文学史》等。其中，《中国文学史》是新中国成立后第一部系统地运用马克思主义的观点论述中国文学发展史的重要著作。

（31）罗玉君（1907—1988）

四川岳池人。文学翻译家。早年毕业于上海大夏大学。1927年赴法国留学。1933年获法国巴黎大学文学博士学位。回国后，曾任山东大学、华西协合大学教授。1951年起，担任华东师范大学教授。翻译有司汤达的《红与黑》、雨果的《海上劳工》、大仲马的《红屋骑士》、莫泊桑的《我们的心》等法国名著，笔调从容流畅、遣词精当优美，深受读者喜爱。特别是《红与黑》的翻译，奠定了她在文学翻译史上的重要地位。

（32）彭迪先（1908—1991）

四川眉山人。经济学家。1921年，进入四川大学（当时的国立成都高等师范学校）附中学习，与后来担任国家主席的杨尚昆同班。1926年，留学日本庆应大学、九州帝国大学。1938年回国后，历任西北联大法商学院政治经济系、武汉大学经济系和四川大学经济系教授兼系主任。1952年，他领导成立了四川财经学院（今西南财经大学），后调任四川大学校长。他曾担任四川省副省长、四川省政协副主席等职。其代表作为《世界经济史纲》《货币信用论大纲》。

（33）王利器（1911—1998）

重庆江津人。文字学家。1940年，毕业于国立四川大学中文系，被学校推荐参加全国大学生毕业论文竞赛，获得中国文学组第一名并传令嘉奖。次年，考取北京大学文科研究所研究生，师从傅斯年先生。在向宗鲁先生逝世后，他从北京赶回峨眉，把与人合伙在江津开设创业银行的全部股金用作路费，将恩师灵柩和书箱运回故乡巴县。庞石帚先生盛赞他“行芳而名高”。1944年从北京大学毕业后，先后任教于四川大学、成华大学、北京大学、北京政法学院。新中国成立后，他参加了《杜甫集》和《水浒全传》的整理工作。1954年，他调到人民文学出版社，着力于文学遗产的整理工作。著有《风俗通义校注》《吕氏春秋比义》《水浒大词典》《文心雕龙新书》等三十余种著作，著述逾两千万言，号称“两千万富翁”。

图39　著名国学大师王利器和他的成名作——国立四川大学毕业论文《风俗通义校注》

（34）殷孟伦（1908—1988）

四川郫县人。语言学家。1924年考入成都联合县立中学。1927年以同等学力考入四川大学（当时的国立成都高等师范学校）国文系，后被推荐到中央大学中文系学习，并赴日本东京帝国大学留学。1937年“七七事变”前夕，他中断在日本的学业回到国内，任教于国立四川大学，曾任中文系主任。1953年，他调任山东大学中文系教授，曾任山东省语言学会会长、中国训诂学会第一副会长等职。他是国内著名的古典文学专家，为推进中国语言文字的系统研究和发展作出了贡献。他自称“坐拥书城，其乐无穷”，“奉读万卷书，还要行万里路”。

（35）杨明照（1909—2003）

重庆大足人。文学批评史家。1930年进入重庆大学文科预科。1932年秋升入本科国文系后，开始攻读《文心雕龙》。1935年秋，重庆大学文科并入国立四川大学，杨明照成为国立四川大学学生。后又考入燕京大学研究院国文部。1939年，《文心雕龙校注》定稿，成为他学术生涯的奠基之作。他先后任教于燕京大学、中国大学、四川大学等，历任四川大学中文系主任、中国古代文学理论学会会长、中国《昭明文选》学会会长、中国苏轼研究学会会长、中国《文心雕龙》学会名誉会长、四川省文联副主席、四川省作协副主席。他毕生致力于中国古代文论和古代文献研究，被誉为“龙学泰斗”。

（36）卞之琳（1910—2000）

江苏海门人。现代诗人、翻译家、文学评论家。1933年毕业于北京大学英文系。就学期间，他曾师从徐志摩，深受赏识，被公认为新文化运动中重要的诗歌流派“新月派”的代表诗人之一。1937年，他应老师、国立四川大学文学院院长朱光潜的邀请担任国立四川大学外文系讲师。1940年在西南联合大学任教。1949年任北京大学教授。著有诗集《三秋草》《鱼目集》等。曾任中国莎士比亚研究会副会长。

（37）蒋学模（1918—2008）

浙江慈溪人。经济学家。1941年毕业于国立四川大学经济系，获学士学位。1949年后任教于复旦大学。他是马克思主义经济学在中国传播的第一人。他主编的《政治经济学》系列教材，是改革开放以来数代大学生必读的教科书，连续再版十多次，印刷近2000万册。他是国内广泛流传的《基督山伯爵》中文版的初译者。该书持续发行60余年，吸引了数以千万的中国读者。

（38）郎毓秀（1918—2012）

浙江杭州人。女高音歌唱家、音乐教育家。曾任四川省音乐家协会副主席。1934年进入上海国立音乐专科学校学习声乐，同时从事电影录音和演唱活动。1937年赴比利时皇家音乐学院主修声乐。1941年毕业回国，在上海、天津、北平等地举办独唱音乐会。1944年任四川省立艺术专科学校声乐教授。1948年任华西协合大学音乐系主任，后任四川音乐学院声乐系主任。她擅长演唱西洋歌剧和艺术歌曲，对中国民族传统唱法有深入研究。她演唱的代表曲目有《绣荷包》《在那遥远的地方》和外国歌曲《春之声》《阿里路亚》等。2001年获首届中国音乐金钟奖“终身荣誉奖”。

（39）萧萐父（1924—2008）

四川成都人。哲学家。1947年毕业于国立武汉大学哲学系。在大学期间，他参加学生进步组织，积极投身爱国学生运动，发起编辑《珞珈学报》。1950年，他受党组织委派，作为军管会成员参加接管华西协合大学，任华西协合大学教授、政治理论课教研组组长和马列主义教研室主任。1956年，他回武汉大学重建哲学系。他长期从事中国哲学的教学与研究工作，学术造诣深厚。曾任中国哲学史学会副会长。他编著的《中国哲学史》分别被译成韩文与英文。

四、科技精英

四川大学的自然科学源于1896年四川中西学堂的算学科，在数论、拓扑学、泛函分析、原子分子物理、辐射技术、植物育种、大熊猫生殖理论、植物病虫害防治等领域的科学研究成果具有国际、国内重要影响。四川大学的工程技术源于1908年的四川通省工业学堂，在高分子材料、水力学、制革及鞣料、材料成型加工、多维图像融合处理、磷铵化工、航管雷达等领域的人才培养、科学研究和科技服务处于国内先进行列。四川大学的医学源于华西协合大学1914年开设的医科和1917年开设的牙科，是中国现代高等口腔医学教育、西南地区现代医学和药学教育、中国眼耳鼻喉科学的重要发源地，在内科学、外科学、口腔临床医学、肿瘤生物治疗学和生物医学工程等领域保持国内领先水平。无论是在科学技术的尖端领域，还是科技开发的主要阵地，无论是科学技术的领军人物，还是科学工作的普通岗位，四川大学师生和校友都是一支不可或缺的重要的有生力量。

（1）钱崇澍（1883—1965）

浙江海宁人。植物学家，中国科学院院士。青年时代曾中过秀才。1910年与竺可桢、李四光等一起赴美留学，先后在伊利诺伊大学、芝加哥大学、哈佛大学学习。1916年回国后，任金陵大学、东南大学、复旦大学等校教授。1935—1943年任国立四川大学生物系教授、系主任，创建了四川大学植物标本馆，即今天的四川大学自然博物馆的前身。曾任中国植物学会理事长、中国科学院植物所所长，1948年成为中央研究院院士。他编写了中国第一本大学生物系教科书《高等植物学》，在植物分类学、植物生理学、植物生态学和地植物学等领域作出了巨大的贡献，是中国近代植物学的开拓者之一。

（2）林则（Ashely Woodward Lindsay，1884—1968）

加拿大多伦多大学牙医学博士、法学博士，医学教育家，被誉为“中国现代口腔医学创始人”。1907年，他来华行医，在成都首创牙科诊所。1917年，他创办华西协合大学牙医学科，成为中国现代口腔医学教育的发源地。1928年，他建立华西协合大学口腔医（病）院，历任华西协合大学校务长、牙医学院院长。他注重全面的医学素养，培养具有深厚扎实的医学基础知识的口腔医学专家，对中国口腔医学教育事业的发展产生了深远的影响。

图40　中国现代口腔医学创始人林则

（3）王琎（1888—1966）

浙江黄岩人。化学家、教育家。1906年在北京京师译学馆学习英语。1909年和1934年两次赴美国学习，获美国里海大学学士学位和明尼苏达大学硕士学位。1915—1927年，他先后在湖南工业专门学校、南京高等师范学校、东南大学、浙江高等工业学校任教，创建了中国第一个化学工程系。1928—1934年，他创建中央研究院化学研究所，并任所长。1936年，他应国立四川大学校长任鸿隽之聘，担任国立四川大学学生生活指导委员会主席、化学系教授兼系主任。后来，他任教于浙江大学、杭州大学。他是我国近代分析化学和中国科学史研究的先驱者，是采用以实验结果的分析为依据并与历史考证相结合的方法研究化学史的开拓者之一，也是中国化学会的发起人之一。

（4）周太玄（1895—1968）

四川成都人。生物学家、教育家、翻译家、政论家、社会活动家和诗人。曾获法国蒙彼利埃大学教育硕士学位，因在细胞学和腔肠动物研究方面有卓越的成就，获得法国国家理学博士学位。他被公认为中国肠腔动物研究鼻祖，是少年中国学会创始人之一。1932年任国立四川大学理学院院长。1952年任四川大学校务委员会主任委员。曾担任重庆大学校长、中国科学院常务委员会委员、中国科学院编译局局长、科学出版社社长兼总编辑和中国农工民主党中央委员。曾撰写和翻译多部著作，被誉为学贯中西、博古通今的一代通才。曾被评选为四川文化名人。

（5）启真道（L. G. Kilborn，1895—1967）

加拿大人。生理学家，英国金斯顿王后大学化学硕士和医学博士。1922年起，在华西协合大学工作三十余年，曾担任华西协合大学医学院院长和医牙学院总院长。他的父亲启尔德（O. L. Kilborn），是华西协合

图41　一家三代在华西从事医学教育和医疗卫生工作的启尔德家族

大学的主要创办人之一。他的母亲启希贤（R. G. Kilborn），1893年创办了成都仁济女医院。启尔德全家三代九人都曾在华西协合大学从事医学和护理工作，可以说为华西协合大学医学教育事业的创建和发展倾注了全力。

（6）魏时珍（1895—1992）

四川蓬安人。数学家。1912年从四川大学（当时的四川省城高等学府）分设中学毕业，不久考入上海同济医工学院。曾经参与创办少年中国学会。1920年，赴法国和德国留学。1924年，获德国哥廷根大学博士学位，是中国人在哥廷根大学获得的第一个最高荣誉，也是四川最早的数学博士。他曾与爱因斯坦讨论相对论，是最早向国内介绍相对论的学者之一。1926年回国后，历任国立同济大学和国立四川大学理学院院长。1939年创办川康农工学院，后改为国立成都理学院，1949年并入国立四川大学。他曾经提出，大学专业设置不宜过细，文理科当互相渗透，扩大学生知识领域，使得学生在校期间既能获得本专业的知识，又可以对其他学科有所了解。

（7）李珩（1898—1989）

四川成都人。天文学家。1922年毕业于华西协合大学数学系。1925年留学法国巴黎大学。1927年获理科硕士学位。1933年获法国国家博士学位。回国后任山东大学物理系教授。1937年起先后任华西协合大学教授、理学院院长和教务长，国立四川大学教授、物理系主任。他长期从事天文学教学和研究工作，创作了许多高质量的科普著作。他翻译的世界天文科普名著《大众天文学》是我国近数十年来内容最全、篇幅最大、插图最多的经典天文科普图书。1950年后，他任中国科学院上海天文台台长、中国天文学会副理事长，为我国现代天文事业的创建和发展作出了巨大的贡献，在国内外享有很高的声誉。

（8）方文培（1899—1983）

重庆忠县人。植物分类学家。1927年毕业于南京东南大学生物系。1927—1934年在中国科学社生物研究所读研究生。1937年获英国爱丁堡大学博士学位，同年归国，任四川大学生物系教授四十多年。曾任中国植物学会名誉理事长、荷兰皇家学会会员、英国皇家学会会员。他在槭树科、杜鹃花科的分类研究上有重要建树，为调查中国植物资源、积累标本资料作出了贡献。他一生共采集标本2万余份，发现新植物群100多种，是世界公认的槭树科、杜鹃花科专家。他撰写了《峨眉山植物图志》和《四川植物志》，参与编著的《中国植物志》2009年获得国家自然科学一等奖。

（9）张铨（1899—1977）

浙江仙居人。皮革专家。1921年考入燕京大学皮革学系。1937年赴美国辛辛那提大学皮革研究院深造，获博士学位。1940年归国，任燕京大学、华西协合大学、国立四川大学教授。新中国成立后，任华西大学化学系主任兼四川大学教授、四川化工学院皮革教研室主任、四川省化学化工学会第一届副理事长、四川省科普协会副主席。他长期从事原料皮、皮胶原、植物鞣料、制革工艺研究，提出了植物鞣料吸着理论。他引进现代制革技术，结合我国原料产品进行研究，是中国现代皮革工业的开拓者和奠基人之一。1952年，他负责筹建我国第一个制革专业——皮革、毛皮及鞣皮剂专业。1955年，他受聘兼任林业部植物鞣料研究室主任，同年兼任高等院校皮革工艺专业课程教材编审委员会主任委员，主编高等院校统编教材《皮革工艺学》。

（10）刘承钊（1900—1976）

山东泰安人。动物学家，中国科学院院士。1927年毕业于燕京大学生物学系并获学士学位。1929年获理学硕士学位。1934年获美国康奈尔大学博士学位。1939年来华西协合大学任教。1951年担任人民政府接管华西大学后的第一任校长，后任华西大学校长、四川医学院院长达二十年。他长期从事两栖类动物的自然史研究并发现大量新种属，对横断山区两栖动物的分类区系与角蟾亚科的分类系统有深入的研究和独到的见解，在两栖动物的繁殖生物学与性行为的研究中发现“雄性腺”，是我国两栖爬行动物学的主要奠基人之一。他曾荣获美国鱼类学家学会、两栖爬行类学家学会授予的“终身国外名誉会员”称号。

图42　1951年新任校长刘承钊院士接受华西大学校印

（11）童第周（1902—1979）

浙江鄞县人。胚胎学和发育生物学家，中国科学院院士。1930年从复旦大学毕业。1934年获比利时布鲁塞尔大学哲学博士学位。1938年曾在华西协合大学任教。1948年当选为中央研究院院士。曾任中国科学院海洋研究所首任所长、中国海洋湖沼学会副理事长、中国科学院副院长、全国政协副主席等职。他一生致力于实验胚胎学、细胞生物学和发育生物学的研究，是我国实验胚胎学的主要创始人。他对文昌鱼卵子发育规律的研究成果，在国内外学术界产生了深远的影响，开创了我国“克隆”技术之先河。

（12）陈文贵（1902—1974）

重庆永川人。微生物学家，中国科学院院士。曾参加南昌起义。1929年毕业于华西协合大学，获医学博士学位。在疫苗血清制造技术、鼠疫防治等方面贡献突出。抗战时期，写出著名的《湖南常德鼠疫报告书》，揭露日军细菌战罪行。后任四川医学院教授、副院长。

（13）杨允奎（1902—1970）

四川安岳人。农业教育家、农作物遗传育种学家。1921年考入清华学堂留美预备部。1933年获美国俄亥俄州立大学博士学位。1935—1937年和1941—1952年任国立四川大学农艺系教授兼系主任。1936—1941年任四川省稻麦试验场场长、稻麦改进所所长、四川省农业改进所副所长。1944年曾与造访成都的美国副总统华莱士共同讨论玉米育种问题。1955年任四川省农业厅厅长兼四川省农业科学院院长。1962年兼任四川农学院院长。他是我国最早从事数量遗传学研究的学者之一，也是我国玉米杂种优势利用的开拓者之一，其博士学位论文就是以玉米为研究材料，1949年育成了早熟综合杂交种“川大201”。

（14）张洪沅（1902—1992）

四川华阳人。化学工程学家、教育家。1916年，考入北京清华留美预备学校。1930年，获美国麻省理工学院博士学位。1937年后，在四川大学、重庆大学、四川化工学院、成都工学院和成都科技大学等校任教。曾任四川大学化学系主任和理学院院长、重庆大学校长、中国化学工程学会理事长和会长、中国化学学会会长。他参与或主持创办了南开大学、四川大学和重庆大学的三个应用化学研究所，主编出版了我国第一本《化工原理》教材。他是我国化学工程教育的奠基人之一、中国化工学会和中国化学会的创办者之一，为我国的化工教育、化工科技进步和化学工业的发展作出了卓越贡献，在国内素有“侯碱张酸”之称。

（15）陈志潜（1903—2000）

四川华阳人。北京协和医学院医学博士、哈佛大学公共卫生学院硕士。抗日战争时期和1952年起先后在华西协合大学和四川医学院任教。曾任中华医学会副会长。他于20世纪30年代创建的河北定县农村三级保健网，影响了中国和许多发展中国家现有卫生保健体系。抗日战争期间，他除组织领导战伤救护外，还在四川省建立市县公共卫生机构80余处，创办了重庆大学医学院。他为我国的卫生事业，尤其是农村社区保健和公共卫生教育作出了卓越的贡献，是中国初级卫生保健的先驱、中国社区医学的创始人、中国现代健康教育的奠基者，被誉为“中国公共卫生之父”。

（16）乐以成（1905—2001）

四川芦山人。妇产科专家、医学教育家。华西协合大学有史以来的第一个女医学博士。1921年，她女扮男装只身逃至成都求学。1924—1932

年，就读于华西协合大学。1952年起在校从事医疗、教学、科研和管理工作。在中国妇产科领域曾有“北有林巧稚，南有乐以成”之说。

（17）袁翰青（1905—1994）

江苏南通人。化学家。1932年获美国伊利诺斯大学博士学位。20世纪30年代后期任国立四川大学化学系教授。曾任中国科技情报所第一任所长。他在联合化合物立体化学研究中最早发现变旋作用。1955年当选为中科院化学学部学部委员（院士）。

（18）侯光炯（1905—1996）

上海金山人。土壤学家、农业教育家，中国科学院院士。1928年毕业于北京农业大学农业化学系。1946年，转入国立四川大学任教授，主讲土壤肥料学、土壤化学、土壤地理学等课程。20世纪50年代院系调整后，他任教于西南农学院（后来的西南农业大学，现与西南师范大学合并为西南大学），曾任西南农业大学名誉校长。他是我国土壤科学的开拓者和奠基人之一，我国现代农业教育的先驱，取得了一系列开创性研究成果。他主编出版了我国第一本农业土壤专著《中国农业土壤学概论》。1978年，他提出的“土壤肥力生物热力学”理论荣获全国科学大会重大科技成果奖。

（19）吴大猷（1907—2000）

广东番禺人。数学家、物理学家，被誉为“中国物理学之父”。1929

年毕业于南开大学。1933年获美国密歇根大学博士学位。20世纪30年代后期到国立四川大学任教，后执教于西南联合大学。1948年被选为中央研究院院士，后任台湾地区“中央研究院”院长。诺贝尔奖获得者李政道、杨振宁都是他的学生。他因病在台湾逝世后，国家主席江泽民在唁电中说：“吴先生毕生献身科学研究和教育事业，为中国科学发展作出了重大贡献，在世界物理学界享有盛誉。吴先生关心国家统一，致力于民族富强，为海峡两岸科技学术交流作出了杰出的贡献，为两岸同胞所赞誉。”

（20）吴大任（1908—1997）

广东肇庆人。数学家。1926年保送进入南开大学学习。曾留学英国和德国。1937年回国后在国立四川大学任教，后长期任南开大学教务长、副校长，曾任中国数学会副理事长、名誉理事长等职。他是我国积分几何研究的先驱之一，对积分几何、射影几何、非欧空间微分几何和齿轮啮合理论等都有精深的研究。他在长期的学校管理实践中积累了丰富的经验，为中国教育事业的发展作出了积极贡献。

（21）林致平（1909—1993）

江苏无锡人。航空科学家、数学家，台湾地区“中央研究院”院士。1931年毕业于交通大学土木工程学系，1937年获英国伦敦大学航空工程学博士学位。历任国民政府国防部航空机械学校高级教官，国立四川大学航空系主任，中兴大学校长，台湾地区“中央研究院”数学研究所所长，美国弗吉尼亚理工大学教授。

（22）柯召（1910—2002）

浙江温岭人。数学家、教育家和社会活动家，中国科学院资深院士。1933年毕业于清华大学。1937年获英国曼彻斯特大学博士学位。1938年回国后长期在四川大学、重庆大学等校任教，历任四川大学教授、四川大学校长、中国数学会名誉理事长、四川省政协副主席、九三学社中央名誉副主席等职。他关于不定方程卡特兰问题的研究结果，在国际上被称为“柯氏定理”；他创造的方法，至今仍被广泛采用。他被称为中国近代数论的创始人、二次型研究的开拓者和一代数学宗师。

图43　数学家柯召院士和他带领的国立四川大学数学系在1939年迁校峨眉之前留影

（23）曹钟樑（1910—2006）

重庆江津人。传染病学家。1934年毕业于私立华西协合大学医科，1945—1947年先后赴加拿大和美国进修，获华西协合大学和美国纽约州立大学医学博士学位。曾任华西协合大学医学院院长、四川医学院副院长、四川省政协副主席、民盟中央委员、全国人大代表和全国政协常委等职。他对传染病学特别是钩端螺旋体病、病毒性肝炎有较深入的研究，在重大传染病的防治方面取得了突出的成绩。

（24）李国平（1910—1996）

广东丰顺人。数学家，中国科学院院士。1933年从中山大学毕业后即受聘于广西大学数学系。1934—1936年东渡日本，留学东京帝国大学。1937年，经熊庆来提名推荐，任中华教育文化基金会研究员，被派赴法国巴黎大学庞加莱研究所工作。1938—1942年任国立四川大学数学系教授。其后曾任武汉大学数学系主任、中国科学院武汉数理所所长、武汉大学副校长等职。他在函数论、数学物理与系统科学研究中取得了突出成就。

（25）张文裕（1910—1992）

福建惠安人。核物理学家。1938年获英国剑桥大学物理学博士学位。当年回国后，任教于国立四川大学物理系。曾任中国科学院高能物理所所长。在核物理和宇宙线研究方面成绩突出，为我国“两弹”的研制作出了巨大的贡献。1957年当选中国科学院数理学部学部委员（院士）。

（26）张琼仙（1910—2013）

四川简阳人。口腔修复学专家。四川大学华西口腔医学院教授，中国利用针型固位的首创者。1929年考入华西协合大学牙学院。1936年成为中国第一位女牙医学博士并留校任教，长期致力于口腔固定修复学的教学、临床医疗和科研工作，被誉为华西口腔医学的“活字典”和“活化石”。朱德赞誉她“心怀天下，节衣爱民”。

（27）肖伦（1911—2000）

四川成都人。放射化学、同位素技术专家，中国科学院院士。1926年在国立成都大学学习，1939年毕业于清华大学，1951获得美国伊利诺伊大学博士学位。曾参与中国第一颗原子弹的制造。历任北京大学教授，中国原子能科学研究院研究员，中国核工业总公司科技委高级顾问，中国同位素学会理事长、名誉理事长。

（28）鲍文奎（1916—1990）

浙江宁波人。遗传育种学家。20世纪40年代后期在国立四川大学生物系任教。1950年获美国加州理工学院博士学位。曾任中国农科院作物育种栽培研究所所长。1980年当选中国科学院生物学部学部委员（院士）。

（29）陈俊愉（1917—2015）

安徽安庆人。园林及花卉专家，中国工程院院士。1940年毕业于金陵大学园艺系，1950年获得丹麦哥本哈根皇家农业大学园艺研究部科学硕士学位。先后任教于四川大学、复旦大学、武汉大学、华中农业大学、北京林业大学。在梅花研究领域成果卓著，曾任中国园艺学会副理事长，中国风景园林学会副理事长，中国科学院北京植物园研究员。

（30）陈荣悌（1919—2001）

四川垫江（今属重庆）人。化学家。1941年毕业于国立四川大学化学系。1952年获美国印第安纳大学博士学位。他在热力学和热化学、动力学及反应机理、结构和配位理论、络合催化理论和应用方面，均有突出成就。1980年当选为中国科学院化学学部学部委员（院士）。

（31）翁心植（1919—2012）

浙江宁波人。内科学专家，中国工程院院士。1945年毕业于华西协合大学，获博士学位。曾任北京朝阳医院名誉院长、北京呼吸疾病研究所所长，在普通内科、寄生虫病、心血管病和呼吸系统病等领域有创造性贡献。

（32）徐僖（1921—2013）

江苏南京人。高分子材料科学家，中国科学院院士，英国皇家化学会会士。1944年毕业于浙江大学化工系。1948年获美国里海大学硕士学位。历任成都科技大学高分子材料系主任、副校长，四川大学教授、高分子研究所所长，上海交通大学教授、高分子材料研究所所长，解放军总后勤部军需部军需装备科技发展特邀顾问。他长期从事高分子化学、高分子材料成型基础理论、油田化学和辐射化学等领域的研究，在高分子降解、共聚、氢键复合、高分子共混材料的形态与性能等方面取得了突出的研究成果。他成功地研究开发出五棓子塑料，撰写了我国第一本高分子专业教科书《高分子化学原理》，创办了中国高等学校第一个塑料专业和第一个高分子研究所，被誉为“中国塑料之父”。

（33）高世扬（1931—2012）

四川成都人。无机化学家，中国科学院院士。1953年毕业于四川大学化学系。历任中国科学院青海盐湖研究所研究员，陕西师范大学化学与材料学院教授，主要从事盐湖化学研究。

（34）周开达（1933—2013）

重庆江津人。作物遗传育种专家，中国工程院院士。1956年考入四川大学农学院，毕业后留四川农学院任教，致力于农业教育和杂交水稻研究事业，解决了四川及长江中上游地区两系杂交稻育种的难题，被誉为“西南杂交水稻之父”。

（35）段镇基（1934—2009）

四川成都人。皮革专家，中国工程院院士，中国皮革协会名誉副会长。1956年毕业于成都工学院皮革专业。历任轻工业部毛皮制革工业科学研究所技术员、工程师，中国皮革和制鞋工业研究院高级工程师、教授级高级工程师、技术总监。他研制出多种新型系列皮革涂饰材料，开创了新的助鞣技术，发展了皮革树脂涂饰技术，为我国皮革化工材料的发展奠定了基础。

（36）沈德忠（1940—2014）

贵州贵阳人。人工晶体专家，中国工程院院士。1964年毕业于四川大学物理系固体物理专业。曾任中国光学学会副主任委员、全国人工晶体标准化技术委员会副主任委员等职，主要从事无机非金属晶体的探索、生长及应用研究。

第三部分　川大精神

陶冶心智，肄习德能；

有典有谟，方圆并成。

传承人类的智慧与文明、创新人类的知识与技术、提升国民的素质与能力、推动社会的进步与发展，是大学恒久不变的历史使命。110多年来，四川大学始终坚持以集思想之大成、育国家之栋梁、开学术之先河、促技术之进步、导社会之方向为己任，形成了以校训“海纳百川，有容乃大”和校风“严谨，勤奋，求是，创新”为核心的川大精神，凝炼和铸就了“振兴民族、献身国家、奉献社会”的价值追求、“厚德博学，虚心从善”的精神品质，将“与人民同甘苦，与祖国同命运，与时代同呼吸，与社会同进步”的文化传统贯穿于人才培养、科学研究、社会服务和文化传承创新的全过程。

一、勇立潮头的进取精神

从1896年至今的四川大学发展历史，是一部与国家和人民共命运的奋斗史，是一部与民族和社会同进步的发展史。一代代川大人为了国强民富而奋斗求索，始终是先进思想文化和科学技术的创造者和传播者，充分体现了四川大学勇立潮头的进取精神——关注国家兴衰，站在时代前列，不断开拓进取，敢为天下之先。

在辛亥革命、五四运动、大革命、抗日救亡运动和爱国民主运动时期，四川大学是“西南一带传播革命种子的园地”“民主堡垒”和“进步势力大本营”。四川大学师生中，既有四川保路运动和辛亥革命的先驱吴玉章、张澜、张培爵等人，又有新文化运动和五四运动的英雄吴虞、张秀熟、袁诗荛等人；既有四川早期的马克思主义者杨闇公、恽代英、王右木等人，又有抗日救亡和迎接黎明的勇士杨伯恺、江竹筠、毛英才等人。一个世纪以来，有60余位四川大学校友为新中国的成立献出了宝贵的生命，这在全国高校中是极为罕见的。他们是张培爵、龙鸣剑、王右木、恽代英、杨闇公、童庸生、袁诗荛、龚堪慎、李正恩、钱芳祥、张博诗、王道文、王向忠、胡景媛、韩钟霖、何秉彝、刘伯坚、余泽鸿、修泰、曾莱、廖恩波、田雨晴、陆更夫、饶耿之、

图44　1950年1月8日四川大学师生和各界人士在学校大礼堂纪念革命烈士

苟永芳、杨国杰、余宏文、杨达、缪嘉文、黄孝逵（女）、顾民元、江竹筠（女）、马秀英（女）、李惠明（女）、何懋金、郝耀青、蒋开萍、张国维、黄宁康、胡其恩、艾文宣、杨伯恺、王干青、刘仲宣、缪竞韩、田中美、余天觉、方智炯、张大成、黎一上、王建昌、毛英才（女）、徐达人、刘则先、杨家寿、曾廷钦（女）、王景标、庹世裔、王开疆、林学逋、袁守诚、詹振声等。

四川大学长期积淀的这种勇立潮头的进取精神，激励着历代川大人与时俱进、勇于创新，在学校发展壮大之路上书写了辉煌的篇章。张之洞等

人早在尊经书院时期就拟增设“声、光、电、化、格致之学”，领传统高等教育向近现代高等教育转型之先。1896年，洋务运动勃兴之时，鹿传霖在交通不便、风气闭塞的四川盆地办起了开风气之先的四川中西学堂，拉开了四川大学发展的序幕。当时的四川中西学堂实行了学年学分制，按照学生所获得的学分的多少颁发不同等级的毕业文凭。在中国特别是西部地区高等教育发展史上，川大人创造了许多第一。例如，1917年创办中国最早的牙科专业，成为中国高等口腔医学的发源地和摇篮。1936年学校开始招收研究生，成为中国第一批培养研究生的大学之一。1944年起学校开办夜大部和先修班，领当时全国推行夜间成人教育之先。1953年创建了全国第一个高分子和塑料专业。1992年第一个在全国高校中获得宗教学博士学位授权点。在西南地区，四川大学于1903年第一个引进外籍教师来高校教学，1906年第一个开办现代高等体育教育，1924年开男女学生合校的先声。

145　1910年川省川汉铁路同志研究会成立纪念留影（其中相当一部分是学校校友）

新中国成立后，特别是改革开放以来，这种勇立潮头的进取精神得以进一步发扬光大。在20世纪80年代，当时的成都科技大学带头“吃百家饭”，在国内率先与中央部委、省市政府、科研院所开展了多种形式的联合办学，成立了水电、纺织、城建与环保等学院，为高等教育体制改革做了十分有益的尝试。1994年4月，原教育部直属重点大学——四川大学与成都科技大学合并，率先探索中国高校的“强强合并”之路，为国家创建新型综合大学积累了宝贵经验。2000年9月，四川大学与原卫生部重点大学——华西医科大学再次强强合并，成立了新的四川大学。四川大学以两次“强强合并”走在国家高等教育体制改革的最前列，以敢为天下先的气魄在中国高等教育史书写了光彩夺目的一页。

图46　今日四川大学望江校区北大门

二、涵乾纳坤的包容胸怀

作为四川大学的校训，“海纳百川，有容乃大”是川大精神的核心和灵魂，是四川大学发展历程、学科特色、人才培养、科学研究、国际交流合作等学校整体价值追求的总体概括和真实写照。

涵乾纳坤的包容胸怀首先反映了学校不断融合、改革、发展的历史以及学校各重要组成部分相互之间深厚的历史渊源。自源头追溯，今日四川大学汇聚了中国高等教育的三种主要办学类型，包括以近现代新式学堂为肇端的国立大学、以西方高等教育为样板的西式大学和由高校院系调整而创办的新型大学，四川大学的演化发展是四川乃至中国近现代高等教育的缩影和写照。原四川大学一直是全国有名的综合性大学，历经“堂院归一”“三水汇流”，融会了不少蜀中名校的精华。原成都科技大学是在20世纪50年代院系调整时建立的新型工科大学，由成都工学院和四川化学工业学院合并组建，逐步建设成为一所以工科为主，理、工、管、文结合的全国重点大学，前后整合了四川大学、重庆大学、华西大学、川北大学、

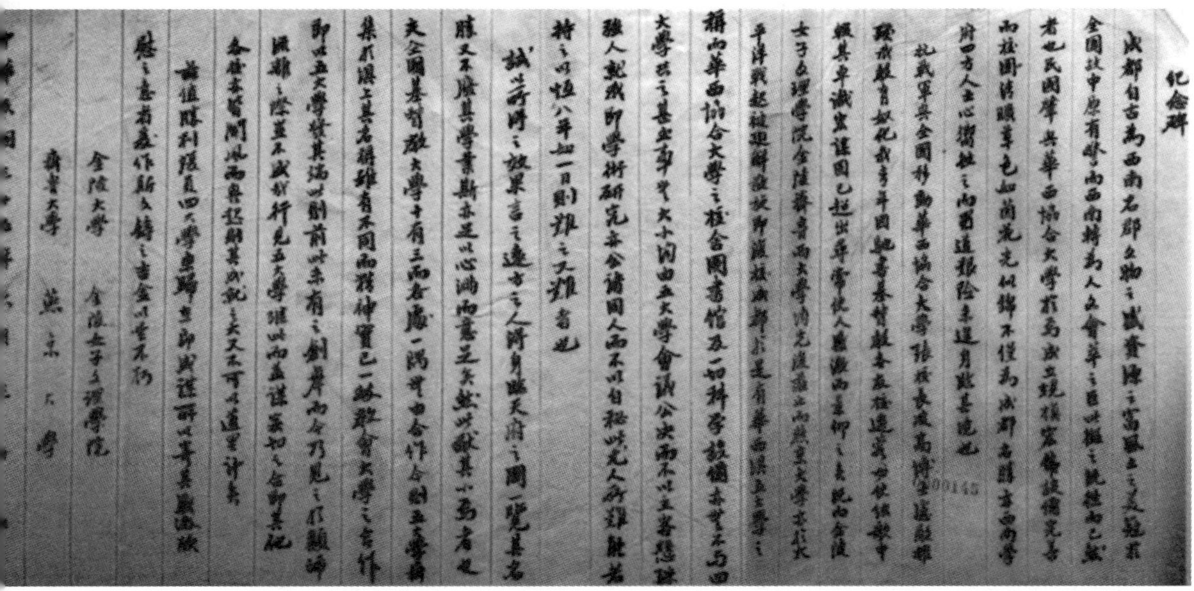

图47　1946年“华西坝五大学联合办学纪念碑”碑文

西南农学院等院校的有关系科。原华西医科大学自1910年华西协合大学创办起，逐步建设成为一所“规模宏大，科学完备”、文理并重、医牙为主的综合大学，在发展历程中曾与金陵大学、金陵女子文理学院、中央大学医学院、齐鲁大学、燕京大学等院校联合办学和办医，院系调整时中文、历史等系科和博物馆文理学院并入了当时的四川大学。经过两次“强强合并”，新四川大学成为国家“211工程”和“985工程”重点建设的高等学校，是国家布局在西部的新型综合性大学。

四川大学涵乾纳坤的包容胸怀形成了万流汇聚、合而能融的发展格局，为学校各项事业的发展营造了和谐的环境。长期以来，四川大学在融会蜀学兼容精神、经世理念、创新思想、朴学方法于一炉的教育传统基础之上，继承和发展了中外优秀文化传统和教育思想，使所培养的学生成为学风朴实、风格求实、知识扎实、做事踏实、为人诚实的适应社会发展需要的多类型、高规格专门人才。新四川大学融原三校精粹，集多学科优势，纳众家之所长，尤其是将原三校的资源成功地进行重组与优化，学科进一步交叉渗透，专业的互补性得以增强。四川大学既有实力雄厚的基础学科，又有生机勃勃的应用学科和前景广阔的新兴交叉学科，并在若干学科领域形成了新的优势和特色。

四川大学涵乾纳坤的包容胸怀为学校全面推进素质教育奠定了良好的基础。中西学堂创办人鹿传霖1895年指出：“一切有用之书，使之兼营并习，互相发明，期成有用之材。”任鸿隽校长曾经指出，“教育的目的在一个全人的发展”。20世纪30年代国立四川大学文学院院长朱光潜提出，“‘宽大自由教育’之目的不仅在训练一技之长，而尤在养成宏正通达之士；不仅在传授知识技能，而尤在陶冶品学才识具备之完人与培养健全之士风”。成都工学院时期著名的皮革化学家张铨对学生提出了“术德兼修，手脑并用”的要求。突出综合素质的教育和人文底蕴的熏陶是四川大学人才培养风格的重要体现，也是四川大学人才培养中一以贯之的重要思想。

涵乾纳坤的包容胸怀使学校形成了学科交叉渗透、综合发展的新格局。学校充分发挥综合性大学的优势，引导、鼓励、组织多学科交叉融合，整合资源，重点突破。学校“985工程”科技创新平台和哲学社会科学创新基地都是整合相关学科、相关学院的优势资源而组建的，比如西南资源环境与灾害防治一类科技创新平台就整合了水利工程、环境科学、生物科学、化学工程、材料科学与工程等8个学科，含有4个国家重点学科、1个国家重点实验室、3个教育部重点实验室、1个国家工程技术中心、7个博士后流动站。学校重点建设了9个新兴交叉学科科研中心，形成了一批特色鲜明的高水平学科群，比如人类疾病生物治疗研究中心涉及7个学科、8个学院，创新药物与中药现代化研究中心涉及9个学科、5个学院。正是这种交叉融合的包容胸怀使学校学科建设和科技创新取得了新的跨越，2000年以来，一级学科博士学位授权点从12个增加到44个，国家重点实验室和国家工程中心由2个增加到13个；每年获国家自然科学和社会科学基金项目数和经费总数、在国内外发表的论文总数和在核心期刊发表的论文数以及历年获国家级科技、社科和教学成果等奖项均居全省高校首位和全国高校前列。

涵乾纳坤的包容胸怀充分体现了四川大学面向世界、开放办学的思想观念。自诞生之日起，四川大学就全力承担起促进中西交汇的重任，努力融入世界高等教育发展潮流之中。110多年前的四川中西学堂以“中学为体，西学为用”为圭臬，倡导学习“西文西艺”，培养“通达时务之才”，将人文深厚的巴蜀文化与近代西方优秀文化紧密结合。1901年，四川大学就派出了第一批公费学生赴英国、美国和日本等国学习，是中国内地第一次有组织地派出留学生到国外学习。1903年，当时的校长胡峻亲自率团到日本考察学务、延聘教师、购买图书和添置仪器，是四川大学第一次派出正式代表团出国考察。1910年创立的华西协合大学更是融会中西，以期达到“发展成为一个最完备的高等学府，使西部各省的学生不必到外国去留学，就可以得到他们所需的任何科学”的目标。1942年华西协合大学专门成立东西文化学社，大力促进东西方文化交流，尤其是与英国大学的教育文化交流。近年来，四川大学通过与国际一流大学的交流合作，举办大型国际学术会议，与国际一流大学联合建立科研合作中心，促进了国际化开放合作，搭建了与世界交流的桥梁。例如，四川大学与加州大学、美国优山美地国家公园和九寨沟风景区管理局联合建设九寨沟生态与环境可持续发展国际研究中心，与德国克劳斯塔尔工业大学共建中德能源研究中心，与美国亚利桑那州立大学牵头建立中美大学战略规划研究所。

图48　1944年、1985年和2010年美国副总统华莱士、布什和拜登分别访问四川大学

三、崇尚学术的治学风范

“大学者，智识之府也。”研究型大学的根本就在于崇尚学术，以探求真理、坚持真理、捍卫真理为旗帜，以独立人格、独立思考、独立判断进行学术的理性思考和研究。四川大学的历史源头之一锦江书院曾有一副楹联：“有补于天地曰功，有益于世教曰名，有精神之谓富，有廉耻之谓贵；不涉鄙陋斯为文，不入暧昧斯为章，溯乎始之谓道，信乎己之谓德。”这充分展示了四川大学先贤的恢弘境界。

四川大学崇尚学术的治学风范是学校长期以来积极实践科学与人文精神紧密结合的办学思想的结果。吴玉章校长曾经积极倡导“崇尚学术、启用新派”。张澜校长提出四川大学应该学术自由，兼容并包。任鸿隽校长力主自由研究，倡导“崇实、贵确、察微、慎断、存疑”的科学精神。他提出了“输入世界的智识”“建设西南的文化中心”和“担负起民族复兴的责任”的任务。黄季陆校长提出：“建校时期，重点在立规模；治校时期，重点在立制度；宏扬学术时期，重点在充实内容。”新四川大学进一步继承和发扬了崇尚学术的学术传统，积极倡导和鼓励广大师生在科学之路上攀登高峰，追求卓越。

四川大学崇尚学术的治学风范直接体现为追求科学理想、重视科学研究的学术风气，从而不断形成一系列具有重要影响的建设成果。110多年来，学校先后汇聚了文学家李劼人、物理学家吴大猷、生物学家童第周、历史学家顾颉刚、美学家朱光潜、植物学家方文培、公共卫生学家陈志潜、经济学家彭迪先、数学家柯召等大师巨匠。他们继承和弘扬崇尚学术的传统，培养了一大批优秀人才，使四川大学成为国家重要的科学研究中

图49　1933年国立四川大学叠溪地震地质考察团和他们留下的部分珍贵照片

心和学术信息中心之一，赢得了良好的社会声望。

在人文社会科学领域，四川大学在文学、史学、宗教学等方面有明显优势。在汉语辞典编纂、古文字研究、宋代文史研究、《儒藏》编研、敦煌学研究等方面形成了具有世界声誉的学术成果，道教研究、《文心雕龙》研究、西藏考古研究、巴蜀文化研究等更是填补了国内外空白。

在自然科学领域，四川大学在数学、生物学、物理学、计算机科学等方面有明显优势。数学的拓扑学、微分几何、代数与数论等研究成果在国际上有重要影响，物理学的原子分子物理、辐射物理及技术等研究成果在全国独具特色，生物学的植物分类学和遗传学、大熊猫生殖理论、植物病虫害防治等研究成果填补了国内外空白。

在工程技术领域，四川大学在材料、化工、水电、机械、轻纺等方面具有明显优势。高分子材料、水力学、制革及鞣料、材料成型加工和多维图像融合处理等领域的人才培养和科学研究处于国内先进行列并有相当的国际影响，磷铵化工技术、航管雷达技术等具有一流水平的研究成果实现了产业化。

在医学领域，四川大学在口腔医学、生物医学、基础医学和临床医学等方面具有明显优势。学校是中国现代口腔医学的发源地，有西南地区最早的现代医学专业和药学专业，也是中国眼耳鼻喉科学的重要发源地，在内科学、外科学、口腔临床医学、肿瘤生物治疗学和生物医学工程等领域具有国内领先水平。

四、引领社会的价值取向

作为一所具有悠久历史的综合性大学，四川大学植根于山川雄秀、人杰地灵、民殷物阜的天府之国。学校110多年的历史就是服务国家、服务社会的过程。1896年，四川中西学堂就强调中西融会、兼营并习，造就“通达时务”之才。1905年，四川大学（当时的四川省城高等学堂）曾经开设面向社会、实行免费教育的半日学堂。1916年，当时的四川公立法政专门学校法政科也曾经公开招收过女性学员。毕启校长曾经强调，“积极提倡实业教育，以利本省天然出产，增进人民殷富”。吴玉章校长提出，“要教会人怎样去改造社会，改造中国甚至改造世界”，要注重培养学生的实践能力，主张学生全面发展。1923年和1924年，他在军阀割据、交

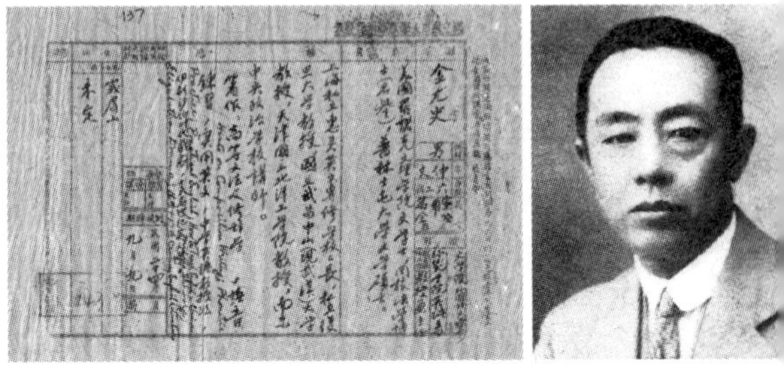

图50　20世纪40年代大韩民国临时政府副主席金尤史和他在国立四川大学填写的履历表

通极为不便的情况下，两次派学生到日本的大阪、京都、东京等地考察，开中国内地在校学生出国学习考察的先河，增强了学生服务社会的实践能力。张凌高校长实行了“培养高尚品格，教授高深学术，造就专门人才，适应社会需要”的办学方针。他说：“如果培养的学生不能服务于社会，不能到华西的各方面的基层和边疆去服务，那么教育就是失败。”任鸿隽校长曾说：“如学政法的，我们可以使他们去研究地方政治，或县政实施；学经济的，可以叫他们去调查商业状况和农村经济；学农的可以叫他们去改良农作种籽；学物理化学的，可以叫他们调查及改良土壤工业之类。”1936年2月，国立四川大学在全国率先设立小学通讯研究处，为小学教员提供教育咨询服务，教育部饬令全国各省市教育厅局及直辖各校遵照办理。黄季陆校长也曾提出，四川大学应该增设实科学习，培植西南建设人才。国立四川大学成立了西南经济社会研究处，对西南地区的经济社会发展进行研究并提出对策。

近年来，四川大学坚持“以服务求支持，以贡献求发展”的思路，积极推动与区域经济社会的互动发展。在促进社会经济发展的同时，学校不断提升自身的办学理念、办学水平及核心竞争力等。因此，四川大学服务社会的价值取向具体体现在学校发展的各个方面，实现了学校与经济社会的良性互动。

在人才培养中，四川大学积极面向社会，根据社会对人才的实际需求，着力培养“厚德博学，虚心从善”的精神品质和“知行并重，服务社会”的能力素养，坚持知识、能力和素质三位一体，造就高素质人才。学校累计为社会培养的20多万大学生中，半数以上在西部地区特别是西南地区工作，已成为西部地区特别是西南地区最大的人才库、智囊库。近几年，每年的毕业生中，就有近40%的学生输送到四川工作，其中硕士生、博士生有62%输送到四川工作。学校还积极与政府、企业联合，通过共建专业、共建学院等方式，为各地经济社会建设培养骨干力量。

在科学研究中，四川大学紧密结合区域特色，制定学校科技规划和重大攻关方向。四川大学“985工程”建设就是以解决国家和地区科技、经济、文化和社会发展的重大问题为导向，特别针对四川和西南地区的经济需求及区域特点设计和建设的。9个科技创新平台覆盖了四川省当前优先发展的7个高技术产业化重点领域，3个社科创新基地与四川省的文化发展、旅游开发、社会稳定与对外交流密切相关。学校有南亚研究所、西部开发研究院、国家烟气脱硫工程技术研究中心等多个有地域特色的科研机构。同时，学校与企业、政府结成战略联盟，构建产学研合作体系，力争使学校的重点学科和重点实验室成为四川及西南地区的自主创新基地。学校有全国高校中最早设立的6个国家技术转移中心之一，2008年被国家科技部授予首批“国家技术转移示范机构”，2009年成为首批获得“全国企事业知识产权示范单位”称号的4所高校之一。四川大学科技园是国家最早批准的15个国家大学科技园试点之一，已孵化包括一家上市公司在内的科技企业50余家。近年来，学校与江苏、四川、西藏、新疆等50多个省（自治区）、市和3000多家企业建立了产学研合作关系，建立了近百个高水平校

图51　2008年汶川大地震后的四川大学师生

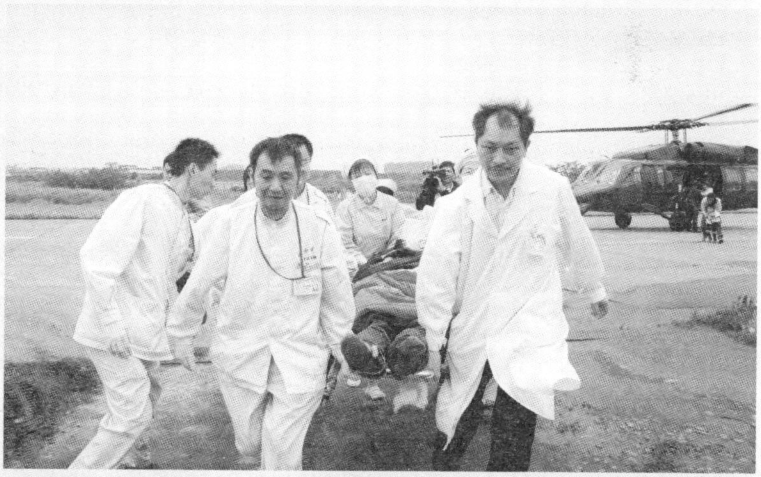

二氧化氯消毒剂

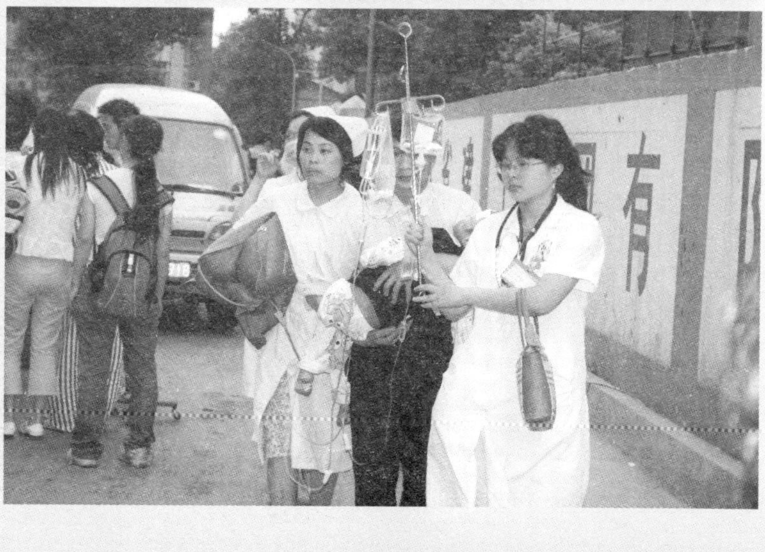

地企产学研平台。学校接受了全国上千家企业委托进行的技术开发、技术改造项目1万多个，一大批重大科技创新成果已成为相关行业的主导技术。2009年，学校被批准成为首批13个国家级“干部培训高校基地”之一。

在社会发展和文化建设中，四川大学始终坚持以优秀的传统精神和优良的人文社会科学研究成果引领民族文化和先进文化的发展。四川大学对儒学、佛教、道教经典文献的发掘、整理和研究取得了突出的成果，促进了中国传统文化的传承与弘扬以及新型社会文化的构建。学校在宗教学、南亚研究、专门史（城市史）、中国古典文献学、比较文学与世界文学等研究领域的成果继承和弘扬了中华民族的传统文化，极大地推动了四川及西南地区历史、文化和旅游产业的发展和新的经济增长点的产生。学校与世界银行、联合国国际开发署、国务院扶贫办、国务院西部办等共建中国西部反贫困研究中心，结合我国尤其是西部地区的政治、经济、文化特点，加强区域合作，共享国际经验，搞好扶贫开发，促进和谐发展。

在2008年四川汶川特大地震发生后，作为离震中最近的国家重点综合性大学，四川大学师生在做好自身的抗震救灾工作的同时，在全省高校中率先恢复正常的教学活动，积极向灾区捐款和捐物，启动了“地震灾区受灾学生救助计划”和“地震灾区受灾考生关爱计划”等，四个附属医院在灾区发挥了具有国家一流水平的疑难重症的国家级诊疗中心的作用，师生广泛开展了青年志愿者服务活动，学校与香港理工大学合作建立了灾后重建与管理学院，文、理、工、医各学科为国家提供科学的决策参考和智力支持，自觉地在全力、全面、全程参与灾后防疫和灾后重建工作中服务社会。

附 录

1. 四川大学百年校庆钟鼎铭文

岷峨挺秀，锦水含章。
龙光炳焕，萃兹上庠。
文翁润泽，蜀鲁齐芳。
云蒸霞蔚，苏李马扬。
季世陵迟，国难未央。
尊经存古，百载沧桑。
联翩俊彦，新我旧邦。
坤维学府，喷薄朝阳。
雍雍穆穆，济济跄跄。
求精求是，自信自强。
乐群敬业，弦歌铿锵。
勒斯铭兮钟鼎，其万年兮永昌。

2. 四川大学建校一百一十周年庆典铭文

地当天府，星映苍穹。
肇基上世，禹甸尧封。
普敷教泽，石室文翁。
岷峨雄秀，不让泰嵩。
季世陵夷，麟殂道穷。
书院爰立，振铎鸣钟。
更兴新学，中西铸熔。
大学协合，业有专攻。
众流汇归，上庠和同。
恢宏气象，宾雁来鸿。
振废起滞，俊彦登庸。
人文炳蔚，郁郁芃芃。
遭时不造，如婴疲癃。
华夏鼎革，光掞天东。
工院新成，如获岁丰。
文运转盛，渐近芳丛。
尚怯阴晴，风雨迷蒙。
迍邅行路，水复山重。
纪纲俄绝，杼轴其空。

弥纶天地，终奏肤公。
尊师重教，于变时雍。
学苑逢春，好风相从。
耆硕新秀，行气如虹。
彬彬彧彧，勃勃蓬蓬。
三校璧合，文理医工。
莘莘学子，志立体充。
进德修业，开拓心胸。
惟精惟一，允执厥中。
明辨笃行，桓桓熊熊。
报国利民，竭智尽忠。
发扬蹈厉，立言立功。
猗与盛哉，暾日光风。

3. 华西协合大学建校百年铭

蜀都别苑，锦水赐仁。
西学东渐，促我维新。
中外合璧，华大植根。
筚路蓝缕，博爱筹银。
青瓦欧室，双桥化嗔。
文理医牙，施教立身。
登楼望远，四海通津。
五庠御寇，荟萃龙麟。
患难与共，枵腹业勤。
弦歌不绝，史籍留勋。
旧邦换制，金钟震坤。
太极蛇杖，协力耕耘。
栉风沐雨，育才莘莘。
革故开放，荷韵桂芬。
复朋碧眼，敬道寻真。
连翩俊秀，杏林俱尊。
门墙桃李，报本心淳。
后承先慧，镂月裁云。
飞声腾实，辉映校魂。
期颐同庆，勒石迪昆。

后 记

四川大学由肇始于1896年的四川中西学堂的原四川大学、发源于1910年的华西协合大学的原华西医科大学和创建于1954年的成都工学院的原成都科技大学合并组建。深入挖掘校史文化资源，全面服务学校科学发展，大力推进文化传承创新，不断增强文化自觉自信，具有十分重要的现实意义。

为推动学校各项事业又好又快发展，四川大学把2012年确定为“校园文化建设年”，以校园文化建设作为全年工作重点，进一步抓好校风、教风、学风、文风和机关作风等“五风”建设，进一步增强学校的凝聚力、自信力、影响力、竞争力等“四力”，进一步形成爱学校、爱学生、爱校园等“三爱”的文化氛围。为此，在四川大学出版社2006年出版的近200万字的《四川大学史稿（第一至第五卷）》的基础上，我们精心编写了校史简编本。我们希望，全校师生员工通过全面了解学校发展的历史，真切地感受四川大学深厚的文化底蕴，深刻地领悟四川大学博大的文化精髓，真正成为学校改革和发展的积极推动者。

在四川大学校长谢和平院士提出编写框架和要求的基础上，本书由主编、四川大学档案馆馆长兼校史办公室主任党跃武教授和副主编、四川大学社会科学研究处处长姚乐野教授、四川大学党委学生工作部（处）长郭勇教授、四川大学党委宣传部部长曹萍教授共同组织实施编写工作，并经四川大学党委常务副书记罗中枢教授，四川大学党委副书记周学东教授以及四川大学历史文化学院胡昭曦、王庭科、陈廷湘教授审阅。其中，第一部分和第三部分主要由党跃武执笔，第二部分主要由李金中执笔，由党跃武完成全书的统稿工作。本书在编写过程中，得到四川大学党委副书记兼纪委书记徐兰教授、四川大学党委副书记李向成教授等领导的热情关心和大力支持。除主编和副主编外，参与编写出版工作的还有四川大学档案馆（校史办公室）王金玉、谭红、沈军、张丽萍、雷文景、刘乔、高霏、刘黎黎和四川大学社会科学研究处王炬等同志。在此一并致以谢意。

编　者

2013年6月